U0087923

國家圖書館出版品預行編目資料

美的歷程 / 李澤厚著. －－三版二刷. －－臺北市: 三
民, 2019
面; 公分. －－(李澤厚論著集)

ISBN 978－957－14－6400－8　(平裝)

1.中國美學史

180.92

107004398

©　美的歷程

著　作　人	李澤厚
發　行　人	劉振強
著作財產權人	三民書局股份有限公司
發　行　所	三民書局股份有限公司
	地址　臺北市復興北路386號
	電話　(02)25006600
	郵撥帳號　0009998-5
門　市　部	(復北店) 臺北市復興北路386號
	(重南店) 臺北市重慶南路一段61號
出版日期	初版一刷　1996年9月
	二版三刷　2015年6月
	三版一刷　2018年4月
	三版二刷　2019年9月
編　　號	S 900310

行政院新聞局登記證局版臺業字第○二○○號

ISBN　978－957－14－6400－8　　(平裝)

http://www.sanmin.com.tw　三民網路書店

再版說明

　　一九八六年的北京街頭，書報攤小販高喊著「李澤厚」、「中國古代思想史論」來拉攏買氣，證明了李澤厚先生家喻戶曉的知名程度。在美學方面，《美的歷程》、《美學四講》、《華夏美學》的出版，奠定了他美學大師的地位。在思想史方面，《中國古代思想史論》、《中國近代思想史論》、《中國現代思想史論》的發表，更在國內外掀起高潮迭起的論戰，引領著當時代學術發展的方向。

　　「李澤厚」三個字代表著深刻思考、理性批評，因此追隨者眾，其著作更是被廣泛盜版、翻印，劣質品充斥於市。一九九〇年代，在余英時教授的引介下，本局不惜鉅資取得李澤厚先生的著作財產權，隨即重新製版、印刷，以精緻美觀的高品質問世。

　　此次再版，除重新設計版式、更正舊版訛誤疏漏之處外，並以本局自行撰寫的字體加以編排，不惟美觀，而且大方，相信於讀者在閱讀的便利性與舒適度上，能有大幅的提升。

三民書局編輯部　謹識

李澤厚論著集總序

　　在大陸和臺灣的一些朋友，都曾多次建議我出一個「全集」，但我沒此打算。「全集」之類似乎是人死之後的事情，而我對自己死後究竟如何，從不考慮。「歸日急翻行戍稿，把空名料理傳身後」，那種立言不朽的念頭，似乎相當淡漠。聲名再大，一萬年後也仍如灰燼。所以，我的書只為此時此地的人們而寫，即使有時收集齊全，也還是為了目前，而非為以後。

　　而且，我一向懷疑「全集」。不管是誰的全集，馬克思的也好，尼采的也好，孫中山、毛澤東的也好，只要是全集，我常持保留態度，一般不買不讀，總覺得它們虛有其表，徒亂人意。為什麼要「全」呢？第一，世上的書就夠多了，越來越多，越來越讀不過來；那麼多的「全集」，不是故意使人難以下手和無從卒讀麼？第二，人有頭臉，也有臀部；人有口才，也放臭氣；一個人能保留一兩本或兩三本「精華」，就非常不錯了。「全」也有何好處？如果是為了研究者、崇拜者的需要，大可讓他們自己去搜全配齊；如果是因對此人特別仇恨（如毛澤東提議編蔣介石全集），專門編本「後臀集」或「放屁集」以揚醜就行了，何必非「全集」不可？難道「全集」都是精華？即使聖賢豪傑、老師宿儒，也不大可能吧？也許別人可以，但至少我不配。我在此慎重聲明：永

遠也不要有我的「全集」出現。因之，關於這個「論著集」，首先要說明，它不全；第二，雖然保留了一些我並不滿意卻也不後悔的「少作」或非少作，但它是為了對自己仍有某種紀念意義，對別人或可作為歷史痕跡的參考；第三，更重要的是由於我的作品在臺灣屢經盜版，錯漏改竄，相當嚴重，並且零零碎碎，各上其市，就不如乾脆合編在一起，不管是好是壞，有一較為真實可信的面貌為佳。何況趁此機會，尚可小作修飾，訂正誤會，還有正式的可觀稿酬，如此等等；那麼，又何樂而不為呢？這個「論著集」共十冊，以哲學、思想史、美學、雜著四個部分相區分。

前數年大陸有幾家出版社，包括敝家鄉的一家，曾與我面商出「全集」，被我或斷然拒絕或含糊其辭地打發了。我也沒想到會在臺灣出這個「論著集」。至今我沒好好想，或者沒有想清楚，為什麼我的書會在臺灣有市場，它們完全是在大陸那種特殊環境中並是針對大陸讀者而寫的。是共同文化背景的原因嗎？或者是共同對中國命運的關心？還是其他什麼原因？我不清楚。人們告訴我，在日本和韓國，我的書也受歡迎，而且主要也是青年學人，與大陸、臺灣情況近似。對此我當然非常高興，但也弄不清楚是什麼原因。臺灣只來過一次，時不過五週，一切對我還很陌生，但有幸能繞島旅遊一周。東海岸的秀麗滄茫，令人心曠神怡，太魯閣的雄偉險峻，令人神驚目奪。但使我最難忘懷的，卻是那最南邊頗為奇特的墾丁公園。在那裡，我遇到了一批南來渡假的女大學生，她們笑語連連，任情打鬧，那要滿溢出來的青春、自由和歡樂，真使我萬分欽羨。如此風光，如此生命，這才是美的本身和哲學本體之所在。當同行友人熱心地把我介紹給她們時，除

一兩位似略有所知外，其他大都茫然，當然也就是說並未讀過我的什麼著作了。那種茫然若失、稚氣可掬的姿態神情，實在是太漂亮了。這使我特別快樂。我說不清楚為什麼。也許，我不是作為學者、教授、前輩，而是作為一個最普通的老人，與這批最年輕姑娘們匆匆歡樂地相遇片刻，而又各自東西永不再見這件事本身，比一切更愉快、更美麗、更富有詩意？那麼，我的這些書的存在和出版又還有什麼價值、什麼意義呢？我不知道。

最後，作為總序，該說幾句更嚴肅的話。我的書在臺灣早經盜版，這次雖增刪重編，於出版者實暫無利可圖。在此商業化的社會氛圍中，如非余英時教授熱誠推薦，一言九鼎；黃進興先生不憚神費，多方努力；劉振強先生高瞻遠矚，慨然承諾；此書是不可能在臺問世的。我應在此向三位先生致謝。特別是英時兄對我殷殷關注之情，至可銘感。

是為「論著集」總序。

李澤厚
1994 年 3 月於科泉市

美的歷程

李澤厚／著

三民書局

國家圖書館出版品預行編目資料

美的歷程／李澤厚著.－－三版二刷.－－臺北市: 三
民, 2019
　面; 公分.－－(李澤厚論著集)

ISBN 978-957-14-6400-8 （平裝）
1. 中國美學史

180.92　　　　　　　　　　　　　　107004398

© 美的歷程

著 作 人	李澤厚
發 行 人	劉振強
著作財產權人	三民書局股份有限公司
發 行 所	三民書局股份有限公司
	地址　臺北市復興北路386號
	電話　(02)25006600
	郵撥帳號　0009998-5
門 市 部	(復北店) 臺北市復興北路386號
	(重南店) 臺北市重慶南路一段61號
出版日期	初版一刷　1996年9月
	二版三刷　2015年6月
	三版一刷　2018年4月
	三版二刷　2019年9月
編 號	S 900310

行政院新聞局登記證局版臺業字第○二○○號

ISBN　978-957-14-6400-8　（平裝）

http://www.sanmin.com.tw　三民網路書店
※本書如有缺頁、破損或裝訂錯誤，請寄回本公司更換。

一兩位似略有所知外，其他大都茫然，當然也就是說並未讀過我的什麼著作了。那種茫然若失、稚氣可掬的姿態神情，實在是太漂亮了。這使我特別快樂。我說不清楚為什麼。也許，我不是作為學者、教授、前輩，而是作為一個最普通的老人，與這批最年輕姑娘們匆匆歡樂地相遇片刻，而又各自東西永不再見這件事本身，比一切更愉快、更美麗、更富有詩意？那麼，我的這些書的存在和出版又還有什麼價值、什麼意義呢？我不知道。

最後，作為總序，該說幾句更嚴肅的話。我的書在臺灣早經盜版，這次雖增刪重編，於出版者實暫無利可圖。在此商業化的社會氛圍中，如非余英時教授熱誠推薦，一言九鼎；黃進興先生不憚神費，多方努力；劉振強先生高瞻遠矚，慨然承諾；此書是不可能在臺問世的。我應在此向三位先生致謝。特別是英時兄對我殷殷關注之情，至可銘感。

是為「論著集」總序。

李澤厚
1994 年 3 月於科泉市

遠也不要有我的「全集」出現。因之，關於這個「論著集」，首先要說明，它不全；第二，雖然保留了一些我並不滿意卻也不後悔的「少作」或非少作，但它是為了對自己仍有某種紀念意義，對別人或可作為歷史痕跡的參考；第三，更重要的是由於我的作品在臺灣屢經盜版，錯漏改竄，相當嚴重，並且零零碎碎，各上其市，就不如乾脆合編在一起，不管是好是壞，有一較為真實可信的面貌為佳。何況趁此機會，尚可小作修飾，訂正誤會，還有正式的可觀稿酬，如此等等；那麼，又何樂而不為呢？這個「論著集」共十冊，以哲學、思想史、美學、雜著四個部分相區分。

前數年大陸有幾家出版社，包括敝家鄉的一家，曾與我面商出「全集」，被我或斷然拒絕或含糊其辭地打發了。我也沒想到會在臺灣出這個「論著集」。至今我沒好好想，或者沒有想清楚，為什麼我的書會在臺灣有市場，它們完全是在大陸那種特殊環境中並是針對大陸讀者而寫的。是共同文化背景的原因嗎？或者是共同對中國命運的關心？還是其他什麼原因？我不清楚。人們告訴我，在日本和韓國，我的書也受歡迎，而且主要也是青年學人，與大陸、臺灣情況近似。對此我當然非常高興，但也弄不清楚是什麼原因。臺灣只來過一次，時不過五週，一切對我還很陌生，但有幸能繞島旅遊一周。東海岸的秀麗滄茫，令人心曠神怡，太魯閣的雄偉險峻，令人神驚目奪。但使我最難忘懷的，卻是那最南邊頗為奇特的墾丁公園。在那裡，我遇到了一批南來渡假的女大學生，她們笑語連連，任情打鬧，那要滿溢出來的青春、自由和歡樂，真使我萬分欽美。如此風光，如此生命，這才是美的本身和哲學本體之所在。當同行友人熱心地把我介紹給她們時，除

李澤厚論著集總序

　　在大陸和臺灣的一些朋友，都曾多次建議我出一個「全集」，但我沒此打算。「全集」之類似乎是人死之後的事情，而我對自己死後究竟如何，從不考慮。「歸日急翻行戍稿，把空名料理傳身後」，那種立言不朽的念頭，似乎相當淡漠。聲名再大，一萬年後也仍如灰燼。所以，我的書只為此時此地的人們而寫，即使有時收集齊全，也還是為了目前，而非為以後。

　　而且，我一向懷疑「全集」。不管是誰的全集，馬克思的也好，尼采的也好，孫中山、毛澤東的也好，只要是全集，我常持保留態度，一般不買不讀，總覺得它們虛有其表，徒亂人意。為什麼要「全」呢？第一，世上的書就夠多了，越來越多，越來越讀不過來；那麼多的「全集」，不是故意使人難以下手和無從卒讀麼？第二，人有頭臉，也有臀部；人有口才，也放臭氣；一個人能保留一兩本或兩三本「精華」，就非常不錯了。「全」也有何好處？如果是為了研究者、崇拜者的需要，大可讓他們自己去搜全配齊；如果是因對此人特別仇恨（如毛澤東提議編蔣介石全集），專門編本「後臀集」或「放屁集」以揚醜就行了，何必非「全集」不可？難道「全集」都是精華？即使聖賢豪傑、老師宿儒，也不大可能吧？也許別人可以，但至少我不配。我在此慎重聲明：永

再版說明

　　一九八六年的北京街頭，書報攤小販高喊著「李澤厚」、「中國古代思想史論」來拉攏買氣，證明了李澤厚先生家喻戶曉的知名程度。在美學方面，《美的歷程》、《美學四講》、《華夏美學》的出版，奠定了他美學大師的地位。在思想史方面，《中國古代思想史論》、《中國近代思想史論》、《中國現代思想史論》的發表，更在國內外掀起高潮迭起的論戰，引領著當時代學術發展的方向。

　　「李澤厚」三個字代表著深刻思考、理性批評，因此追隨者眾，其著作更是被廣泛盜版、翻印，劣質品充斥於市。一九九〇年代，在余英時教授的引介下，本局不惜鉅資取得李澤厚先生的著作財產權，隨即重新製版、印刷，以精緻美觀的高品質問世。

　　此次再版，除重新設計版式、更正舊版訛誤疏漏之處外，並以本局自行撰寫的字體加以編排，不惟美觀，而且大方，相信於讀者在閱讀的便利性與舒適度上，能有大幅的提升。

三民書局編輯部　謹識

李澤厚論著集　總分目冊

序

　　美學部分共分四冊。

　　第一、二、三冊為《美的歷程》、《華夏美學》、《美學四講》三書，分別初版於 1981、1988 和 1989 年。《美的歷程》成書前分篇發表時曾有「中國美學史外篇札記」的副標題，當時計畫中的內篇，即《華夏美學》是也。此二書均係討論中國傳統美學者；《美學四講》乃以拙之「人類學歷史本體論」為基礎之美學概論。

　　殿後的第四冊為《美學論集》。寫作、出版最早，初版於 1980 年，絕大部分為一九五〇、六〇年代發表之舊作。今日看來，如強調從本質論、反映論談美學、典型、意境等等，似多可笑；但過來人則深知在當年封腦錮心、萬馬齊瘖下理論掙扎和衝破藩籬之苦痛艱難；斑斑印痕，於斯足見。從而，其中主要論點又仍有與後來之變化發展有一脈相沿承者在。新訂版增加當時結集時未及收入之一九七〇年代末八〇年代初之作品，則與前列之「美學三書」相直接銜接矣。

李澤厚

前 言

　　中國還很少專門的藝術博物館。你去過北京天安門前的中國歷史博物館嗎？如果你對那些史實並不十分熟悉，那麼，作一次美的巡禮又如何呢？那人面含魚的彩陶盆，那古色斑斕的青銅器，那琳琅滿目的漢代工藝品，那秀骨清像的北朝雕塑，那筆走龍蛇的晉唐書法，那道不盡說不完的宋元山水畫，還有那些著名的詩人作家們屈原、陶潛、李白、杜甫、曹雪芹……的想像畫像，它們展示的不正是可以使你直接感觸到的這個文明古國的心靈歷史麼？時代精神的火花在這裡凝凍、積澱下來，傳留和感染著人們的思想、情感、觀念、意緒，經常使人一唱三嘆，流連不已。我們在這裡所要匆匆邁步走過的，便是這樣一個美的歷程。

　　那麼，從哪裡起頭呢？

　　得從遙遠得記不清歲月的時代開始。

一、龍飛鳳舞

（一）遠古圖騰

　　中國史前文化比過去所知有遠為長久和燦爛的歷史。一九七〇年代浙江河姆渡、河北磁山[1]、河南新鄭[2]、密縣[3]等新石器時代遺址的陸續發現，不斷證實這一點。將近八千年前，中國文明已初露曙光。

　　上溯到舊石器時代，從南方的元謀人到北方的藍田人、北京人、山頂洞人，雖然像歐洲洞穴壁畫那樣的藝術尚待發現，但從石器工具的進步上可以看出對形體性狀的初步感受。北京人的石器似尚無定形，丁村人的則略有規範，如尖狀、球狀、橄欖形……等等。到山頂洞人，不但石器已很均勻、規整，而且還有磨製光滑、鑽孔、刻紋的骨器和許多所謂「裝飾品」：「裝飾品中有鑽孔的小礫石、鑽孔的石珠、穿孔的狐或獾或鹿的犬齒、刻溝的骨管、

1　〈河北磁山新石器時代遺址試掘〉，《考古》1977 年第 6 期。

2　〈河南新鄭裴李崗新石器時代遺址〉，《考古》1978 年第 2 期。「就三個數據的情況來說，裴李崗遺址的年代，大致作七千五百年左右，恐怕是比較可靠的。」（李友謀、陳旭：〈試論裴李崗文化〉，《考古》1979 年第 4 期）磁山稍晚於裴李崗，而遠在仰韶文化前，「仰韶文化最早期的年代大約是六千年左右」（同上）。

3　〈河南密縣莪溝北崗新石器時代遺址發掘簡報〉，《文物》1979 年第 5 期。

穿孔的海蚶殼和鑽孔的青魚眼上骨等。所有的裝飾品都相當精緻，小礫石的裝飾品是用微綠色的火成岩從兩面對鑽成的，選擇的礫石很周正，頗像現代婦女胸前配帶的雞心。小石珠是用白色的小石灰岩塊磨成的，中間鑽有小孔。穿孔的牙齒是由齒根的兩側對挖穿通齒腔而成的。所有裝飾品的穿孔，幾乎都是紅色，好像是它們的穿帶都用赤鐵礦染過」[4]。這表明對形體的光滑規整、對色彩的鮮明突出、對事物的同一性（同樣大小或同類物件申在一起）……有了最早的朦朧理解、愛好和運用。但要注意的是，對使用工具的合規律性的形體感受和在所謂「裝飾品」上的自覺加工，兩者不但有著漫長的時間距離（數十萬年），而且在性質上也是根本不同的。雖然二者都有其實用功利的內容，但前者的內容是現實的，後者則是幻想（想像）的；勞動工具和勞動過程中的合規律性的形式要求（節律、均勻、光滑等）和主體感受，是物質生產的產物；「裝飾」則是精神生產、意識形態的產物。儘管兩者似乎都是「自然的人化」和「人的對象化」，但前者是將人作為超生物存在的社會生活外化和凝凍在物質生產工具上，是真正的物化活動；後者則是將人的觀念和幻想外化和凝凍在這些所謂「裝飾品」的物質對象上，它們只是物態化的活動。前者是現實的「人的對象化」和「自然的人化」，後者是想像中的這種「人化」和「對象化」。前者與種族的繁殖（人身的擴大再生產）一道構成原始人類的基礎，後者則是包括宗教、藝術、哲學等胚胎在內的上

---

4 賈蘭坡：《「北京人」的故居》，北京出版社，1958年，第41頁。

層建築。當山頂洞人在屍體旁撒上礦物質的紅粉，當他們作出上述種種「裝飾品」，這種原始的物態化的活動便正是人類社會意識形態和上層建築的開始。它的成熟形態便是原始社會的巫術禮儀，亦即遠古圖騰活動。

「在野蠻期的低級階段，人類的高級屬性開始發展起來。……想像，這一作用於人類發展如此之大的功能，開始於此時產生神話、傳奇和傳說等未記載的文學，而業已給予人類以強有力的影響。」[5] 追溯到山頂洞人「穿帶都用赤鐵礦染過」、屍體旁撒紅粉，「紅」色對於他們就已不只是生理感受的刺激作用（這是動物也可以有的），而是包含著或提供著某種觀念涵義（這是動物所不能有的）。原始人群之所以染紅穿帶、撒抹紅粉，已不是對鮮明奪目的紅顏色的動物性的生理反應，而開始有其社會性的巫術禮儀的符號意義在。也就是說，紅色本身在想像中被賦予了人類（社會）所獨有的符號象徵的觀念涵義；從而，它（紅色）訴諸當時原始人群的便不只是感官愉快，而且其中參與了、儲存了特定的觀念意義了。在對象一方，自然形式（紅的色彩）裡已經積澱了社會內容；在主體一方，官能感受（對紅色的感覺愉快）中已經積澱了觀念性的想像、理解。這樣，區別於工具製造和勞動過程，原始人類的意識形態活動，亦即包含著宗教、藝術、審美等等在內的原始巫術禮儀[6] 就算真正開始了。所以，如同歐洲洞穴壁畫

---

5 馬克思：《摩爾根「古代社會」一書摘要》，人民出版社，1965 年，第 54 頁。

作為原始的審美—藝術，本只是巫術禮儀的表現形態，不可能離開它們獨立存在一樣；山頂洞人的所謂「裝飾」和運用紅色，也並非為審美而製作。審美或藝術這時並未獨立或分化，它們只是潛藏在這種種原始巫術禮儀等圖騰活動之中。

遙遠的圖騰活動和巫術禮儀，早已沉埋在不可復現的年代之中。它們具體的形態、內容和形式究竟如何，已很難確定。「此情可待成追憶，只是當時已惘然」。也許，只有流傳下來卻屢經後世歪曲增刪的遠古「神話、傳奇和傳說」，這種部分反映或代表原始人們的想像和符號觀念的「不經之談」，能幫助我們去約略推想遠古巫術禮儀和圖騰活動的面目。

在中國的神話傳說序列中，繼承燧人氏鑽木取火（也許能代表用火的北京人時代吧？）之後的，便是流傳最廣、材料最多也最出名的女媧伏羲的「傳奇」了：

媧，古之神聖女，化萬物者也。（《說文》）

往古之時，四極廢，九州裂，天不兼覆，地不周載，……女媧煉五色石以補蒼天，斷鰲足以立四極。（《淮南鴻烈·覽冥訓》）

俗說天地開闢，未有人民，女媧摶黃土作人。（《太平御覽》78 卷引《風俗通》）

---

6 關於巫術　(magic 或譯 「魔法」) 與宗教的異同，關於巫術、神話 (myth)、禮儀 (rite)、圖騰 (totem) 之間的相互關係、先後次序、能否等同諸問題，本書均暫不討論。

女媧禱祠神祈而為女禖，因置婚姻。(《繹史》引《風俗通》)

宓羲氏之世，天下多獸，故教民以獵。(《尸子·君治》)

古者，庖羲氏之王天下也，近取諸身，遠取於物，於是始作八卦以通神明之德，比類萬物之情，作結繩而為網罟，以佃以漁。(《易·繫辭》)

伏者，別也，變也。戲者，獻也，法也。伏羲始別八卦，以變化天下，天下法則，咸伏貢獻，故曰伏羲也。(《風俗通義·三皇》)

......

從「黃土作人」到「正婚姻」(開始氏族外婚制？)，從「以佃以漁」到「作八卦」(巫術禮儀的抽象符號化？)，這個有著近百萬年時間差距的人類原始歷史，都集中地凝聚和停留在女媧伏羲兩位身上 (他們在古文獻中經常同時而重疊[7])。這也許意味著，他們兩位可以代表最早期的中國遠古文化？

那麼，「女媧」、「伏羲」到底是怎麼樣的人物呢？他們作為遠古中華文化的代表，究竟是什麼東西呢？如果剝去後世層層人間化了的面紗，在真正遠古人們的觀念中，它們卻是巨大的龍蛇。

---

7 如(庖羲)「始嫁娶以修人道」(《拾遺記》)；「伏羲制儷皮嫁娶之禮」(《世本》)。所謂伏羲、女媧兄妹為婚，可能反映的血族群婚制，也可能是陰(黑夜)陽(白天)觀念的神話階段，也可能是列維斯特勞斯講的所謂同胞雙生子的神話，而所謂「正婚姻」，「置姓氏」，則可能反映開始了族外婚制，有了氏族的社會組織。

即使在後世流傳的文獻中也仍可看到這種遺跡：

> 女媧，古神女而帝者，人面蛇身，一日中七十變。(《山海經·
> 大荒西經·郭璞注》)
> 燧人之世，……生伏羲……人首蛇身。(《帝王世紀》)
> 女媧氏……承庖羲制度，……亦蛇身人首。(同上)

值得注意的是，中國遠古傳說中的「神」、「神人」或「英雄」，大抵都是「人首蛇身」。女媧伏羲是這樣，《山海經》和其他典籍中的好些神人（如「共工」、「共工之臣」等等）也這樣。包括出現很晚的所謂「開天闢地」的「盤古」，也依然沿襲這種「人首蛇身」說。《山海經》中雖然還有好些「人首馬身」、「豕身人面」、「鳥身人面」，但更突出的，仍是這個「人首蛇身」。例如：

> 凡北山經之首，自單狐之山至於隄山，凡二十五山，五千四百九十里，其神皆人面蛇身。(《山海經·北山經》)
> 凡北次二經之首，自管涔之山至於敦題之山，凡十七山，五千六百九十里，其神皆蛇身人面。(同上)
> 凡首陽山之首，自首山至於丙山，凡九山，二百六十七里，其神狀皆龍身而人面。(《山海經·中山經》) [8]

---

8 聞一多《伏羲考》中「將山海經裡所見的人面蛇身或人面龍身的神列一總表如下」(厚按：可注意的是，人面蛇身〔或龍身〕在北、西、南均甚

　　這裡所謂「其神皆人面蛇身」，實即指這些眾多的遠古氏族的圖騰、符號和標誌。《竹書紀年》也說，屬於伏羲氏系統的有所謂長龍氏、潛龍氏、居龍氏、降龍氏、上龍氏、水龍氏、青龍氏、赤龍氏、白龍氏等等。總之，與上述《山海經》相當符合，都是一大群龍蛇。

　　此外，《山海經》裡還有「燭龍」、「燭陰」的怪異形象：

　　西北海之外，赤水之北，有章尾山，有神，人面蛇身而赤，……是謂燭龍。（《山海經‧大荒北經》）

　　鍾山之神，名曰燭陰，視為晝，瞑為夜，吹為冬，呼為夏，不飲不食不息，息為風，身長千里。……其為物，人面蛇身赤色。（《山海經‧海外北經》）

多，唯東較少）：

中	〈中山經〉（次十）	首山至丙山諸神	皆龍身人面
南	〈南山經〉（次三）	天虞之山至南禺之山諸神	皆龍身人面
	〈海內經〉（南方）	延維	人首蛇身
西	〈西山經〉（次三）	鼓	人面龍身
	〈海外西經〉	軒轅	人面蛇身尾交首上
北	〈北山經〉（首）（次二）	單狐之山至隄山諸神 管涔之山至敦題之山諸神	皆人手蛇身 皆蛇身人面
	〈海外北經〉又〈大荒北經〉	燭龍（燭陰） 相柳（相繇）	人面蛇身赤色 九首人面蛇身 自環色青
	〈海內北經〉	貳負	人面蛇身
東	〈海內東經〉	雷神	龍身而人頭

　　這裡保留著更完整的關於龍蛇的原始狀態的觀念和想像。章學誠說《易》時，曾提出「人心營構之象」，這條巨大龍蛇也許就是我們的原始祖先們最早的「人心營構之象」吧。從「燭龍」到「女媧」，這條「人面蛇身」的巨大爬蟲，也許就是經時久遠悠長、籠罩中國大地上許多氏族、部落和部族聯盟的一個共同的觀念體系的代表標誌吧？

　　聞一多曾指出，作為中國民族象徵的「龍」的形象，是蛇加上各種動物而形成的。它以蛇身為主體，「接受了獸類的四腳，馬的毛，鬣的尾，鹿的腳，狗的爪，魚的鱗和鬚」（《伏羲考》）。這可能意味著以蛇圖騰為主的遠古華夏氏族、部落[9]不斷戰勝、融合其他氏族部落，即蛇圖騰不斷合併其他圖騰逐漸演變而為「龍」。從燭陰、女媧的神怪傳說，到甲骨金文中的有角的龍蛇字樣[10]；從青銅器上的各式夔龍再到《周易》中的「飛龍在天」（天上）、「或飲於淵」（水中）、「見龍在田」（地面），一直到漢代藝術（如馬王堆帛畫和畫像石）中的人首蛇身諸形象，這個可能產生

9　《太平御覽》929 卷引《歸藏》：「昔夏后啟上乘龍飛以登於天皐。」《山海經・大荒西經》：「……乘兩龍名曰夏后開」，《山海經・海內經》：郭璞注「開筮曰鯀死……化為黃龍」。《帝王世紀》：「夏后氏，姒姓也，母曰修巳」。姒、巳，均蛇也。看來，夏部族或部族聯盟很可能與蛇——龍圖騰傳統有關。

10　「最早的龍就是有角的蛇，以角表示其神異性，甲骨文金文中所見的龍字都是如此。」（劉敦愿：〈馬王堆西漢帛畫中的若干神話問題〉，《文史哲》1978 年第 4 期）

在遠古漁獵時期卻居然延續保存到文明年代，具有如此強大的生命力量，長久吸引人們去崇拜、去幻想的神怪形象和神奇傳說，始終是那樣變化莫測，氣象萬千，它不正好可以作為我們遠古祖先的藝術代表？

神話傳說畢竟根據的是後世文獻資料。那麼，新石器時代文化遺址中發現的那個人首蛇身的陶器器蓋，也許就是這條已經歷時長久的神異龍蛇最早的造型表現？

你看，它還是粗陋的，爬行的，貼在地面的原始形態。它還飛不起來，既沒有角，也沒有腳。也許，只有它的「人首」能預示著它終將有著騰空而起翩然飛舞的不平凡的一天？預示著它終將作為中國西部、北部、南部許多氏族、部落和部落聯盟一個主要的圖騰旗幟而高高舉起、迎風飄揚？

……

與龍蛇同時或稍後，鳳鳥則成為中國東方集團的另一圖騰符號。從帝俊（帝嚳）到舜，從少昊、后羿、蚩尤到商契，儘管後世的說法有許多歧異，鳳的具體形象也傳說不一，但這個鳥圖騰是東方集團所頂禮崇拜的對象卻仍可肯定。關於鳥圖騰的文獻材料，更為豐富而確定。如：

鳳，神鳥也。天老曰，鳳之象也：鴻前麐後，蛇頸魚尾，鸛顙鴛思，龍文龜背，燕頜雞喙，五色備舉，出於東方君子之國……。（《說文》）

天命玄鳥，降而生商。（《詩經‧商頌》）

　　大荒之中，……有神九首，人面鳥身，名曰九鳳。（《山海經・大荒北經》）

　　有五彩之鳥，……惟帝俊下友，帝下兩壇，彩鳥是司。（《山海經・大荒東經》）

　　與「蛇身人面」一樣，「人面鳥身」、「五彩之鳥」、「鸞鳥自歌，鳳鳥自舞」，在《山海經》中亦多見。郭沫若指出：「玄鳥就是鳳凰」，「『五彩之鳥』大約就是卜辭中的鳳」[11]。正如「龍」是蛇的誇張、增補和神化一樣，「鳳」也是這種鳥的神化形態。它們不是現實的對象，而是幻想的對象、觀念的產物和巫術禮儀的圖騰。與前述各種龍氏族一樣，也有各種鳥氏族（所謂「鳥名官」）：「……少皞摯之立也，鳳鳥適至，故紀於鳥，為鳥師而鳥名，鳳鳥氏歷正也，玄鳥氏司分者也，伯趙氏司至者也，青鳥氏司啟者也，丹鳥氏司閉者也，祝鳩氏司徒也，鴡鳩氏司馬也，鳲鳩氏司空也，爽鳩氏司寇也，鶻鳩氏（均鳥名）司事也。」（《左傳・昭公 17 年》）以「龍」、「鳳」為主要圖騰標記的東西兩大部族聯盟，經歷了長時期的殘酷的戰爭、掠奪和屠殺，逐漸融合統一。所謂「人面鳥身，踐兩赤蛇」（《山海經》中多見），所謂「庖羲氏，風姓也」，可能即反映著這種鬥爭和融合？從各種歷史文獻、地下器物和後人研究成果來看，這種鬥爭融合大概是以西（炎黃集團）勝東（夷人集團）而告結束。也許，「蛇」被添上了翅膀飛

---

11 郭沫若：《青銅時代・先秦天道觀的發展》。

了起來，成為「龍」，「鳳」則大體無所改變，就是這個緣故？也許，由於「鳳」所包含代表的氏族部落大而多得為「龍」所吃不掉，所以它雖從屬於「龍」，卻仍保持自己相對獨立的性質和地位，從而它的圖騰也就被獨立地保存和延續下來？直到殷商及以後，直到戰國楚帛畫中，仍有在「鳳」的神聖圖象下祈禱著的生靈。

龍飛鳳舞——也許這就是文明時代來臨之前，從舊石器漁獵階段通過新石器時代的農耕階段，從母系社會通過父系家長制，直到夏商早期奴隸制門檻前，在中國大地上高高飛揚著的史前期的兩面光輝的、具有悠久歷史傳統的圖騰旗幟？

它們是原始藝術—審美嗎？是，又不是。它們只是山頂洞人撒紅粉活動（原始巫術禮儀）的延續、發展和進一步符號圖象化。它們只是觀念意識物態化活動的符號和標記。但是凝凍在、聚集在這種種圖象符號形式裡的社會意識、亦即原始人們那如醉如狂的情感、觀念和心理，恰恰使這種圖象形式獲有了超模擬的內涵和意義，使原始人們對它的感受取得了超感覺的性能和價值，也就是自然形式裡積澱了社會的價值和內容，感性自然中積澱了人的理性性質，並且在客觀形象和主觀感受兩個方面，都如此。這不是別的，又正是審美意識和藝術創作的萌芽。

（二）原始歌舞

　　這種原始的審美意識和藝術創作並不是觀照或靜觀，不像後世美學家論美之本性所認為的那樣。相反，它們是一種狂烈的活動過程。之所以說「龍飛鳳舞」，正因為它們作為圖騰所標記、所代表的，是一種狂熱的巫術禮儀活動。後世的歌、舞、劇、畫、神話、咒語……，在遠古是完全揉合在這個未分化的巫術禮儀活動的混沌統一體之中的，如火如荼，如醉如狂，虔誠而蠻野，熱烈而謹嚴。你不能藐視那已成陳跡的、僵硬了的圖象輪廓，你不要以為那只是荒誕不經的神話故事，你不要小看那似乎非常冷靜的陰陽八卦[12]……，想當年，它們都是火一般熾熱虔信的巫術禮儀的組成部分或符號標記。它們是具有神力魔法的舞蹈、歌唱、咒語[13]的凝凍化了的代表。它們濃縮著、積澱著原始人們強烈的

---

[12] 「夫易開物成務……象天法地，是興神物，以前民用，其教蓋出於政教典章之先矣。……為一代之法憲，而非聖人一己之心思」（章學誠：《文史通義・易教上》），這最早指出了《易經》「以象為教」、在「典章之先」的非個人創作的遠古原始禮儀性質，是後世「禮」的張本，「學易者，所以學周禮也」（同上）。

[13] 如「所歌逐（魃）者令曰，神北行，先除水道，決通溝瀆」（《山海經・大荒北經》）；「土返其宅，水歸其壑，昆蟲不作，草木歸其澤」（《禮記・

情感、思想、信仰和期望。

古代文獻中也保存了有關這種原始歌舞的一些史料，如：

擊石拊石，百獸率舞。(《尚書・益稷》)

若國大旱，則帥巫舞雩。(《周官・司巫》)

帝俊有子八人，是始為歌舞。(《山海經・海內經》)

昔葛天氏之樂，三人操牛尾，投足以歌八闋。(《呂氏春秋・古樂》)

伏羲作琴，伏羲作瑟，神農作琴，神農作瑟，女媧作笙簧。(《世本》)

後世敘述古代的史料也認為：

夫樂之在耳曰聲，在目者曰容，聲應乎耳，可以聽知；容藏於心，難以貌觀。故聖人假干戚羽旄以表其容，發揚蹈厲以見其意，聲容選和，則大樂備矣。……此舞之所由起也。(杜佑：《通典》第 145 卷)

《樂記》中，「樂」和舞也是聯在一起的，所謂「舞行綴短」、「舞行綴遠」，所謂「不知足之蹈之手之舞之」，等等。這些和所謂「干戚羽旄」、「發揚蹈厲」，不就正是圖騰舞蹈嗎？不正是插著

郊特牲》)。

羽毛戴著假面的原始歌舞嗎？

　　王國維說，「楚辭之靈殆以巫而兼尸之用者也。其詞謂巫曰靈。蓋群巫之中必有象神之衣服形貌動作者。而視為神之馮依，故謂之曰靈」。「靈之為職，……蓋後世戲曲之萌芽，已有存焉者矣。」[14] 遠古圖騰歌舞作為巫術禮儀[15]，是有觀念內容和情節意義的，而這情節意義就是戲劇和文學的先驅。古代所以把禮樂同列並舉，而且把它們直接和政治興衰聯結起來，也反映原始歌舞（樂）和巫術禮儀（禮）在遠古是二而一的東西，它們與其氏族、部落的興衰命運直接相關而不可分割。上述那些材料把歌、舞和所謂樂器製作追溯和歸諸遠古神異的「聖王」祖先，也證明這些東西確乎來源久遠，是同一個原始圖騰活動：身體的跳動（舞）、口中念念有詞或狂呼高喊（歌、詩、咒語）、各種敲打齊鳴共奏（樂），本來就在一起。「詩，言其志也，歌，詠其聲也，舞，動其容也，三者本乎心，然後樂氣從之。」（《樂記·樂象》）這雖是後代的記述，卻仍不掩其混沌一體的原始面目。它們是原始人們特有的區別於物質生產的精神生產即物態化活動，它們既是巫術禮儀，又是原始歌舞。到後世，兩者才逐漸分化，前者成為「禮」

---

14 《宋元戲曲史》。

15 《周易·繫辭上》：「極天下之賾者存乎卦，鼓天下之動者存乎辭」，「鼓之舞之以盡神。」《易說》解釋：「無心若風狂然，主於動而已，故以好歌舞為風……，以至於鼓舞之極也，故曰盡神。」武王伐紂的所謂「前歌後舞」正是一種起威嚇作用的遠古圖騰巫術舞蹈的遺跡。參看汪寧生〈釋「武王伐紂前歌後舞」〉，《歷史研究》1981 年第 4 期。

——政刑典章，後者便是「樂」——文學藝術。

圖騰歌舞分化為詩、歌、舞、樂和神話傳說，各自取得了獨立的性格和不同的發展道路。繼神人同一的龍鳳圖騰之後的，便是以父家長制為社會基礎的英雄崇拜和祖先崇拜。例如，著名的商、周祖先——契與稷的懷孕、養育諸故事，都是要說明作為本氏族祖先的英雄人物具有不平凡的神異誕生和巨大歷史使命[16]。馴象的舜、射日的羿、治水的鯀和禹，則直接顯示這些巨人英雄們的赫赫戰功或業績。從燭龍、女媧到黃帝、蚩尤到后羿、堯舜，圖騰神話由混沌世界進入了英雄時代。作為巫術禮儀的意義內核的原始神話不斷人間化和理性化，那種種含混多義不可能作合理解釋的原始因素日漸削弱或減少，巫術禮儀、原始圖騰逐漸讓位於政治和歷史。這個過程的徹底完成，要到春秋戰國之際。在這之前，原始歌舞的圖騰活動仍然是籠罩著整個社會意識形態的巨大身影。

也許，1973 年發現的新石器時代彩陶盆紋飾中的舞蹈圖案，便是這種原始歌舞最早的身影寫照？「五人一組，手拉手，面向一致，頭側各有一斜道，似為髮辮。每組外側兩人，一臂畫為兩道，似反映空著的兩臂舞蹈動作較大而頻繁之意，人下體三道，接地面的兩豎道，為兩腿無疑。而下腹體側的一道，似為飾物。」[17]你看他們那活躍、鮮明的舞蹈姿態，那麼輕盈齊整，協調一致，

---

16 參看《詩經‧玄鳥、生民》以及《史記‧殷本紀、周本紀》等。

17 〈青海大通縣上孫家寨出土的舞蹈紋彩陶盆〉，《文物》1978 年第 3 期。

生意盎然，稚氣可掬，⋯⋯它們大概屬於比較和平安定的傳說時代，即母系社會繁榮期的產品吧[18]？但把這圖象說成是「先民們勞動之暇，在大樹下小湖邊或草地上正在歡樂地手拉手集體跳舞和唱歌」（同上引文），便似乎太單純了。它們仍然是圖騰活動的表現，具有嚴重的巫術作用或祈禱功能。所謂頭帶髮辮似的飾物，下體帶有尾巴似的飾物，不就是「操牛尾」和「干戚羽旄」之類；「手拉著手」地跳舞不也就是「發揚蹈厲」麼？因之，這陶器上的圖象恰好以生動的寫實，印證了上述文獻資料講到的原始歌舞。這圖象是寫實的，又是寓意的。你看那規範齊整如圖案般的形象，卻和歐洲晚期洞穴壁畫那種寫實造型有某些近似之處，都是粗輪廓性的準確描述，都是活生生的某種動態寫照。然而，它們又畢竟是新石器時代的產兒，必須與同時期占統治地位的幾何紋樣觀念相一致，從而它便具有比歐洲洞穴壁畫遠為抽象的造型和更為神祕的涵義。它並不像今天表面看來那麼隨意自在。它以人體舞蹈的規範化了的寫實方式，直接表現了當日嚴肅而重要的巫術禮儀，而絕不是「大樹下」「草地上」隨便翩躚起舞而已。

　　翩躚起舞只是巫術禮儀的活動狀態，原始歌舞正乃龍鳳圖騰的演習形式。

18　「傳說神農氏的時代，是和平發展的時代；而傳說黃帝堯舜的時代，則是在戰爭中誕生的。」（蘇秉琦：〈關於仰韶文化的若干問題〉，《考古學報》1965 年第 1 期）仰韶文化屬於神農氏傳說時代抑黃帝堯舜時代，尚有不同看法。

「有意味的形式」

　　原始社會是一個緩慢而漫長的發展過程。它經歷了或交叉著
不同階段，其中有相對和平和激烈戰爭的不同時代。新石器時代
的前期的母系氏族社會大概相對說來比較和平安定，其巫術禮儀、
原始圖騰及其圖象化的符號形象也如此。文獻資料中的神農略可
相當這一時期：

　　古之人民皆食禽獸肉。至於神農，人民眾多，禽獸不足。於
是神農因天之時，分地之利，制耒耜，教民農作，神而化之，使
民宜之故謂之神農也。（《白虎通義・號》）
　　神農之世，臥則居居，起則于于。民知其母，不知其父。與
麋鹿共處，耕而食，織而衣，無有相害之心。（《莊子・盜跖》）

　　所謂「與麋鹿共處」，其實乃是馴鹿。仰韶彩陶中就多有鹿的
形象。仰韶型（半坡和廟底溝）和馬家窯型的彩陶紋樣，其特徵
恰好是這相對和平穩定的社會氛圍的反照。你看那各種形態的魚，
那奔馳的狗，那爬行的蜥蜴，那拙鈍的鳥和蛙，特別是那陶盆裡
的人面含魚的形象，它們雖明顯具有巫術禮儀的圖騰性質，其具
體涵義已不可知，但從這些形象本身所直接傳達出來的藝術風貌

和審美意識，卻可以清晰地使人感到：這裡還沒有沉重、恐怖、神祕和緊張，而是生動、活潑、純樸和天真，是一派生氣勃勃、健康成長的童年氣派。

　　仰韶半坡彩陶的特點，是動物形象和動物紋樣多[19]，其中尤以魚紋最普遍，有十餘種。據聞一多《說魚》，魚在中國語言中具有生殖繁盛的祝福涵義。但聞一多最早也只說到《詩經》、《周易》。那麼，我們是否可以把它進一步追溯到這些仰韶彩陶呢？像仰韶期半坡彩陶屢見的多種魚紋和含魚人面，它們的巫術禮儀涵義是否就在對氏族子孫「瓜瓞綿綿」長久不絕的祝福？人類自身的生產和擴大再生產即種的繁殖，是遠古原始社會發展的決定性因素，血族關係是當時最為重要的社會結構[20]，中國終於成為世界上人口最多的國家，漢民族終於成為世界第一大民族，是否可以追溯到這幾千年前具有祝福意義的巫術符號？此外，《山海經》說，「蛇乃化為魚」，漢代墓葬壁畫中就保留有蛇魚混合形的怪物……，那麼，仰韶的這些魚、人面含魚，與前述的龍蛇、人首蛇身是否有某種關係？是些什麼關係？此外，這些彩陶中的鳥的形象與前述文獻中的「鳳」是否也有關係？……凡此種種，都有待進一步的研究探索，這裡只是提出一些猜測罷了。

---

19 半坡彩陶紋樣是迄今發現中最早的一種。年代更早的尚無紋樣可言（如河北磁山、河南新鄭等七千年以上的陶器）。

20 參看恩格斯《家庭、私有制和國家的起源》第一版序及列維斯特勞斯 (Levy-Strauss) 的著作。

　　社會在發展，陶器造型和紋樣也在繼續變化。和全世界各民族完全一致，占居新石器時代陶器的紋飾走廊的，並非動物紋樣，而是抽象的幾何紋，即各式各樣的曲線、直線、水紋、漩渦紋、三角形、鋸齒紋種種。關於這些幾何紋的起因和來源，至今仍是世界藝術史之謎，意見和爭論很多。例如不久前我國江南印紋陶的學術討論會上，好些同志認為「早期幾何印紋陶的紋樣源於生產和生活，……葉脈紋是樹葉脈紋的模擬，水波紋是水波的形象化，雲雷紋導源於流水的漩渦」，認為這是由於「人們對於器物，在實用之外還要求美觀，於是印紋逐漸規整化為圖案化，裝飾的需要便逐漸成為第一位的了」[21]。這種看法，本書是不能同意的，因為，不但把原始社會中「美觀」、「裝飾」說成已分化了的需要，缺乏證明和論據[22]；而且把幾何紋樣說成是模擬「樹葉」、「水波」，更是簡單化了，它沒有也不能說明為何恰恰要去模擬樹葉、水波。所以，本書以為，下面一種看法似更深刻和正確：「也有同志認為，……更多的幾何形圖案是同古越族蛇圖騰的崇拜有關，如漩渦紋似蛇的盤曲狀，水波紋似蛇的爬行狀，等等」（同上引文）。

　　其實，仰韶、馬家窯的某些幾何紋樣已比較清晰地表明，它

21　〈江南地區印紋陶學術討論會紀要〉，《文物》1979 年第 1 期。

22　馬家窯發現的彩陶人首紋樣，看來是「斷髮文身」的，而「斷髮文身」並非為「裝飾」、「美觀」，它首先具有巫術禮儀的重要涵義。至於要求器物的「美觀」，當然更在人體「美觀」之後。

們是由動物形象的寫實而逐漸變為抽象化、符號化的。由再現（模擬）到表現（抽象化），由寫實到符號化，這正是一個由內容到形式的積澱過程，也正是美作為「有意味的形式」的原始形成過程。即是說，在後世看來似乎只是「美觀」、「裝飾」而並無具體涵義和內容的抽象幾何紋樣，其實在當年卻是有著非常重要的內容和涵義，即具有嚴重的原始巫術禮儀的圖騰涵義的。似乎是「純」形式的幾何紋樣，對原始人們的感受卻遠不只是均衡對稱的形式快感，而具有複雜的觀念、想像的意義在內。巫術禮儀的圖騰形象逐漸簡化和抽象化成為純形式的幾何圖案（符號），它的原始圖騰涵義不但沒有消失，並且由於幾何紋飾經常比動物形象更多地布滿器身，這種涵義反而更加強了。可見，抽象幾何紋飾並非某種形式美，而是：抽象形式中有內容，感官感受中有觀念，如前所說，這正是美和審美在對象和主體兩方面的共同特點。這個共同特點便是積澱：內容積澱為形式，想像、觀念積澱為感受。這個由動物形象而符號化演變為抽象幾何紋的積澱過程，對藝術史和審美意識史是一個非常關鍵的問題。下面是一些考古學家對這個過程的某些事實描述：

　　有很多線索可以說明這種幾何圖案花紋是由魚形的圖案演變來的，……一個簡單的規律，即頭部形狀越簡單，魚體越趨向圖案化。相反方向的魚紋融合而成的圖案花紋，體部變化較複雜，相同方向壓疊融合的魚紋，則較簡單[23]。有如圖一、二、三：

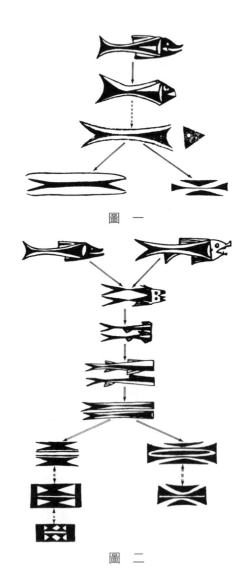

圖 一

圖 二

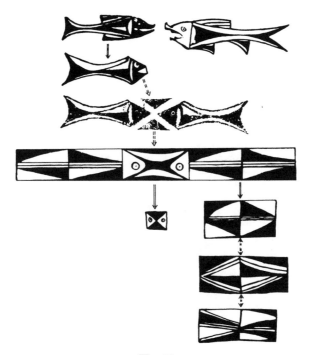

圖　三

　　鳥紋圖案是從寫實到寫意　（表現鳥的幾種不同動態）　到象徵[24]。有如圖四：

圖　四

23 中國科學院考古研究所：《西安半坡》，文物出版社，1963 年，第 185 頁。

24 蘇秉琦：〈關於仰韶文化的若干問題〉，《考古學報》1965 年第 1 期。

主要的幾何形圖案花紋可能是由動物圖案演化而來的。有代表性的幾何紋飾可分成兩類：螺旋形紋飾是由鳥紋變化而來的，波浪形的曲線紋和垂幛紋是由蛙紋演變而來的。……這兩類幾何紋飾劃分得這樣清楚，大概是當時不同氏族部落的圖騰標誌[25]。有如圖五、六：

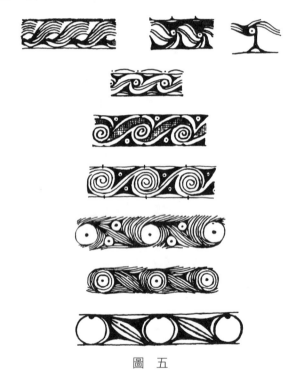

圖　五

25 石興邦：〈有關馬家窰文化的一些問題〉，《考古》1962 年第 6 期。

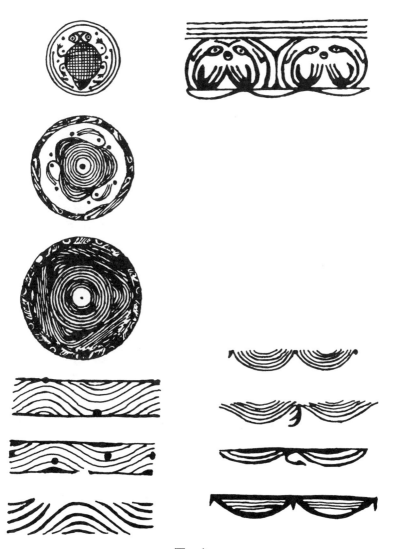

圖　六

在原始社會時期，陶器紋飾不單是裝飾藝術，而且也是族的共同體在物質文化上的一種表現。……彩陶紋飾是一定的人們共同體的標誌，它在絕大多數場合下是作為氏族圖騰或其他崇拜的標誌而存在的。

根據我們的分析，半坡彩陶的幾何形花紋是由魚紋變化而來的，廟底溝彩陶的幾何形花紋是由鳥紋演變而來的，所以前者是單純的直線，後者是起伏的曲線……

如果彩陶花紋確是族的圖騰標誌，或者是具有特殊意義的符號……，仰韶文化的半坡類型與廟底溝類型分別屬於以魚和鳥為圖騰的不同部落氏族，馬家窰文化屬於分別以鳥和蛙為圖騰的兩個氏族部落。……（同上）

把半坡期到廟底溝期再到馬家窰期的蛙紋和鳥紋聯繫起來看，很清楚地存在著因襲相承、依次演化的脈絡。開始是寫實的、生動的、形象多樣化的，後來都逐步走向圖案化、格律化、規範化，而蛙、鳥兩種母題並出這一點則是始終如一的。

鳥紋經過一個時期的發展，到馬家窰期即已開始漩渦紋化。而半山期漩渦紋和馬廠期的大圓圈紋，形象模擬太陽，可稱之為擬日紋，當是馬家窰類型的漩渦紋的繼續發展。可見鳥紋同擬日紋本來是有聯繫的。

在我國古代的神話傳說中，有許多關於鳥和蛙的故事，其中許多可能和圖騰崇拜有關。後來，鳥的形象逐漸演變為代表太陽的金鳥，蛙的形象則逐漸演變為代表月亮的蟾蜍……。這就是說，從半坡期、廟底溝期到馬家窰期的鳥紋和蛙紋，以及從半山期、馬廠

期到齊家文化和四壩文化的擬蛙紋，半山期和馬廠期的擬日紋，可
能都是太陽神和月亮神的崇拜在彩陶花紋上的體現。這一對彩陶紋
飾的母題之所以能夠延續如此之久，本身就說明它不是偶然的現
象，而是與一個民族的信仰和傳統觀念相聯繫的[26]。可如圖七：

	蛙　　紋	鳥　　紋
半坡期		
廟底溝期		
馬家窰期	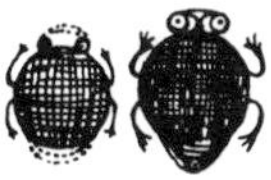	
	擬蛙紋	擬日紋
半山期		
馬廠期		
四壩文化 齊家文化		
漢墓帛畫		

圖　七

---

26 嚴文明：〈甘肅彩陶的源流〉，《文物》1978 年第 10 期。

　　陶器紋飾的演化是一個非常複雜而困難的科學問題，尚需深入探索[27]。但儘管上述具體演變過程、順序、意義不一定都準確可靠，儘管仍帶有很大的推測猜想的成分和甚至錯誤的具體結論，但是，由寫實的、生動的、多樣化的動物形象演化成抽象的、符號的、規範化的幾何紋飾這一總的趨向和規律，作為科學假說，已有成立的足夠根據。同時，這些從動物形象到幾何圖案的陶器紋飾並不是純形式的「裝飾」、「審美」，而具有氏族圖騰的神聖涵義，似也可成立。

　　如前所說，人的審美感受之所以不同於動物性的感官愉快，正在於其中包含有觀念、想像的成分在內。美之所以不是一般的形式，而是所謂「有意味的形式」，正在於它是積澱了社會內容的自然形式。所以，美在形式而不即是形式。離開形式（自然形體）固然沒有美，只有形式（自然形體）也不成其為美。

　　克乃夫‧貝爾 (Clive Bell) 提出「美」是「有意味的形式」(significant form) 的著名觀點，否定再現，強調純形式（如線條）的審美性質，給後期印象派繪畫提供了理論依據。但他這個理論由於陷在循環論證中而不能自拔，即認為「有意味的形式」決定於能否引起不同於一般感受的「審美感情」(aesthetic emotion)，而「審美感情」又來源於「有意味的形式」。我以為，這一不失為有卓見的形式理論如果加以上述審美積澱論的界說和解釋，就可

---

27 例如，上述被稱作「蛙」的圖象是否是「龜」？與古文獻中「巨龜」、「神龜」有否關係？等等，便尚待研究。

脫出這個論證的惡性循環。正因為似乎是純形式的幾何線條，實際是從寫實的形象演化而來，其內容（意義）已積澱（溶化）在其中，於是，才不同於一般的形式、線條，而成為「有意味的形式」。也正由於對它的感受有特定的觀念、想像的積澱（溶化），才不同於一般的感情、感性、感受，而成為特定的「審美感情」。原始巫術禮儀中的社會情感是強烈熾熱而含混多義的，它包含有大量的觀念、想像，卻又不是用理智、邏輯、概念所能詮釋清楚，當它演化和積澱於感官感受中時，便自然變成了一種好像不可用概念言說和窮盡表達的深層情緒反應。 某些心理分析學家 （如Jung）企圖用人類集體的無意識「原型」來神祕地解說。實際上，它並不神祕，它正是這種積澱、溶化在形式、感受中的特定的社會內容和社會感情。但要注意的是，隨著歲月的流逝、時代的變遷，這種原來是「有意味的形式」卻因其重複的仿製而日益淪為失去這種意味的形式，變成規範化的一般形式美。從而這種特定的審美感情也逐漸變而為一般的形式感。於是，這些幾何紋飾又確乎成了各種裝飾美、形式美的最早的樣板和標本了。

　陶器幾何紋飾是以線條的構成、流轉為主要旋律。線條和色彩是造型藝術中兩大因素。比起來，色彩是更原始的審美形式，這是由於對色彩的感受有動物性的自然反應作為直接基礎（例如對紅、綠色彩的不同生理感受）。線條則不然，對它的感受、領會、掌握要間接和困難得多，它需要更多的觀念、想像和理解的成分和能力。如果說，對色的審美感受在舊石器的山頂洞人便已開始；那麼，對線的審美感受的充分發展則要到新石器製陶時期

中。這是與日益發展、種類眾多的陶器實體的造型（各種比例的圓、方、長、短、高、矮的缽、盤、盆、豆、鬲、甗……）的熟練把握和精心製造分不開的，只有在這個物質生產的基礎之上，它們才日益成為這一時期審美─藝術中的核心。內容向形式的積澱，又仍然是通過在生產勞動和生活活動中所掌握和熟練了的合規律性的自然法則本身而實現的。物態化生產的外形式或外部造型，也仍然與物化生產的形式和規律相關，只是它比物化生產更為自由和更為集中，合規律性的自然形式在這裡呈現得更為突出和純粹。總之，在這個從再現到表現，從寫實到象徵，從形到線的歷史過程中，人們不自覺地創造了和培育了比較純粹（線比色要純粹）的美的形式和審美的形式感。勞動、生活和自然對象與廣大世界中的節奏、韻律、對稱、均衡、連續、間隔、重疊、單獨、粗細、疏密、反覆、交叉、錯綜、一致、變化、統一等種種形式規律，逐漸被自覺掌握和集中表現在這裡。在新石器時代的農耕社會，勞動、生活和有關的自然對象（農作物）這種種合規律性的形式比舊石器時代的狩獵社會呈現得要遠為突出、確定和清晰，它們通過巫術禮儀，終於凝凍在、積澱在、濃縮在這似乎僵化了的陶器抽象紋飾符號上了，使這種線的形式中充滿了大量的社會歷史的原始內容和豐富涵義。同時，線條不只是訴諸感覺，不只是對比較固定的客觀事物的直觀再現，而且常常可以象徵著代表著主觀情感的運動形式。正如音樂的旋律一樣，對線的感受不只是一串空間對象，而且更是一個時間過程。那麼，是否又可以說，原始巫術禮儀中的熾烈情感，已經以獨特形態凝凍在、積

瀰在這些今天看來如此平常的線的紋飾上呢？那些波浪起伏、反覆周旋的韻律、形式，豈不正是原始歌舞昇華了的抽象代表嗎？本來，如前所述，我們已經看到這種活動的「手拉著手」的模擬再現，整個陶器藝術包括幾何紋飾是否也應從這個角度來理解、領會它的社會意義和審美意義呢？例如，當年席地而坐面對陶器紋飾[28]的靜的觀照，是否即從「手拉著手」的原始歌舞的動的「過程」衍化演變而來的呢？動的巫術魔法化而為靜的祈禱默告？……

與紋飾平行，陶器造型是另一個饒有趣味的課題。例如，大汶口文化、龍山文化中的陶鬶的造型似鳥狀，是否與東方群體的鳥圖騰有關呢？……如此等等。這裡只提與中國民族似有特殊關係的兩點。一是大汶口的陶豬，一是三足器。前者寫實，從河姆渡到大汶口，豬的馴化飼養是中國遠古民族一大特徵，它標誌定居早和精耕細作早。七千五百年前的河南裴李崗遺址即有豬骨和陶塑的豬，仰韶晚期已用豬頭隨葬。豬不是生產資料而是生活資料。迄至今日，和世界上好些民族不同，豬肉遠遠超過牛羊肉，仍為占我國人口絕大多數的漢族的主要肉食，它確乎源遠流長。大汶口陶豬形象是這個民族的遠古重要標記。然而，對審美—藝術更為重要的是三足器問題，這也是中國民族的珍愛。它的形象並非模擬或寫實（動物多四足，鳥類則兩足），而是來源於生活實用（如便於燒火）基礎上的形式創造，其由三足造型帶來的穩定、

---

28 谷聞：〈漫談新石器時代彩陶圖案花紋帶裝飾部位〉，《文物》1977 年第 6 期。

堅實（比兩足）、簡潔、剛健（比四足）等形式感和獨特形象，具有高度的審美功能和意義。它終於發展為後世主要禮器（宗教用具）的「鼎」。

因為形式一經擺脫模擬、寫實，便使自己取得了獨立的性格和前進的道路，它自身的規律和要求便日益起著重要作用，而影響人們的感受和觀念。後者又反過來促進前者的發展，使形式的規律更自由地展現，使線的特性更充分地發揮。三足器的造型和陶器紋飾的變化都如此。然而儘管如此，陶器紋飾的演變發展又仍然在根本上制約於社會結構和原始意識形態的發展變化。從半坡、廟底溝、馬家窰到半山、馬廠、齊家（西面）和大汶口晚期、山東龍山（東面），陶器紋飾儘管變化繁多，花樣不一，非常複雜，難以概括，但又有一個總的趨勢和特徵卻似乎可以肯定：這就是雖同屬抽象的幾何紋，新石器時代晚期比早期要遠為神祕、恐怖。前期比較更生動、活潑、自由、舒暢、開放、流動，後期則更為僵硬、嚴峻、靜止、封閉、驚畏、威嚇。具體表現在形式上，後期更明顯是直線壓倒曲線，封閉重於連續，弧形、波紋減少，直線、三角凸出，圓點弧角讓位於直角方塊……，即使是同樣的鋸齒、三角紋[29]，半坡、廟底溝不同於龍山，馬家窰也不同於半山、馬廠……像大汶口晚期或山東龍山那大而尖的空心直

---

29 鋸齒紋、三角紋是否與「山」的觀念有關（《山海經》中多山，山與男性生殖器崇拜可能有關），方格形是否與土地或死亡觀念有關，圓形是否與天體運行（周而復始）觀念有關，都是尚待探究的問題。

線三角形，或倒或立，機械地、靜止狀態地占據了陶器外表大量
面積和主要位置，顯示出一種神祕怪異的意味。紅黑相間的鋸齒
紋常常是半山—馬廠彩陶的基本紋飾之一，卻未見於馬家窯彩陶。
神農氏的相對和平穩定時期已成過去，社會發展進入了以殘酷的
大規模的戰爭、掠奪、殺戮為基本特徵的黃帝、堯舜時代。母系
氏族社會讓位於父家長制，並日益向早期奴隸制的方向行進。剝
削、壓迫、社會鬥爭在激劇增長，在陶器紋飾中，前期那種種生
態盎然、稚氣可掬、婉轉曲折、流暢自如的寫實的和幾何的紋飾
逐漸消失。在後期的幾何紋飾中，使人清晰地感受到權威統治力
量的分外加重。至於著名的山東龍山文化晚期的日照石鏟紋樣（圖
八），以及東北出土的陶器紋飾，則更是極為明顯地與殷商青銅器
靠近[30]，性質在開始起根本變化了。它們作了青銅紋飾的前導。

圖 八

---

30 此外，巫鴻〈一組早期的玉石雕刻〉（《美術研究》1979 年第 1 期）提出
的那些玉雕形象紋飾，也應屬於這一特定時期，特別是鷹鳥圖飾，明顯
與殷商圖騰有關。

二、青銅饕餮

(一) 獰厲的美

　　傳說中的夏鑄九鼎[1]，大概是打開青銅時代第一頁的標記。夏文化雖仍在探索中，但河南龍山和二里頭[2]大概即是。如果採用商文化來自北方說[3]，則這一點似更能確立。如上章結尾所述，從南（江南、山東）和北（東北），好幾處新石器時代文化遺址的陶器紋飾都有向銅器紋飾過渡的明顯特徵。當然，關於它們是否先於銅器還是與青銅同期或更後，仍有許多爭議。不過從總的趨向看，陶器紋飾的美學風格由活潑愉快走向沉重神祕，確是走向青銅時代的無可置疑的實證。由黃帝以來，經過堯舜禹的二頭軍長制[4]（軍事民主）到夏代「傳子不傳賢」，中國古史進入了一個新階段：雖然仍在氏族共同體的社會結構基礎之上，但早期宗法制統治秩序（等級制度）在逐漸形成和確立。公社成員逐漸成為各級氏族貴族的變相奴隸，貴族與平民（國人）開始了階級分野。在上層建築和意識形態領域，以「禮」為旗號，以祖先祭祀為核

---

1 九鼎者，多鼎也。九，言其眾多也。參看顧頡剛《史林雜識初編》。
2 參看鄒衡〈關於探討夏文化的幾個問題〉，《文物》1979 年第 3 期。
3 參看金景芳〈商文化起源於我國北方說〉，《中華文史論叢》第 7 輯。
4 參看翦伯贊《中國史論集・論中國的母系氏族社會》。

心，具有濃厚宗教性質的巫史文化開始了。它的特徵是，原始的全民性的巫術禮儀變為部分統治者所壟斷的社會統治的等級法規，原始社會末期的專職巫師變為統治者階級的宗教政治宰輔。

　　殷墟甲骨卜辭顯示，當時每天都要進行占卜，其中大量的是關於農業方面如「卜禾」、「卜年」、「卜雨」以及戰爭、治病、祭祀等等，這與原始社會巫師的活動基本相同，但這種宗教活動越來越成為維護氏族貴族統治集團、統治階級利益的工具。以至推而廣之，各種大大小小的事情都得請示上帝鬼神，來決定行動的吉凶可否。殷墟出土的甲骨記載著關於各種大小活動的占卜。周代也如此，鐘鼎銘文有明證。《易經》實際上也是卜筮之書。《尚書‧洪範》的下述記載可看作是殷周社會這種活動的典型寫照：

　　汝則有大疑，謀及乃心，謀及卿士，謀及庶人，謀及卜筮。……汝則從。龜從、筮從，卿士逆、庶民逆，吉。卿士從，龜從、筮從，汝則逆、庶民逆，吉。庶民從，龜從、筮從，汝則逆、卿士逆，吉。龜從、筮逆，卿士逆，庶民逆，作內吉，作外凶。龜筮共違於人，用靜吉，用作凶。

　　這說明，在所有條件中，「龜從」、「筮從」是最重要的，超過了其他任何方面和因素，包括「帝」、「王」自己的意志和要求。如果「龜筮共違於人」，就根本不能進行任何活動。掌握龜筮以進行占卜的僧侶們的地位和權勢，可想而知。他們其中一部分人實際成了掌管國事的政權操縱者：

我聞在昔，成湯既受命，時則有若伊尹，格於皇天。

在太戊時，則有若伊陟、臣扈，格於上帝，巫咸乂王家，在祖
乙時，則有若巫賢。（《尚書·君奭》）

帝太戊立，伊陟為相。……伊陟贊言於巫咸。巫咸治王家有
成，……帝祖乙立，殷復興。巫賢任職。（《史記·殷本紀》）

除了「巫」、「伊」（卜辭所謂「令多尹」），還有「史」（卜辭
所謂「其令卿史」）。「史」與「巫」、「尹」一樣，也是「知天道」
的宗教性政治性的大人物。章太炎認為「士、事、史、吏」等本
都是一回事。王國維說，史與事相同，殷墟卜辭作「卿史」，周鼎
作「卿事」，經傳作「卿士」，其實是相同的。「是卿士本名史也」。
「尹」與「史」也是一回事，「尹氏之號本於內史」[5]。「史手執
簡形」，又是最早壟斷文字的人物。此外，如卜、宗、祝[6]等等，
都是當時異名而同實的僧侶貴族。

這就是說，與物質勞動與精神勞動的分離相適應，出現了最
初的一批思想家，他們就是巫師，是原始社會的精神領袖。也正
如馬克思說的，「從這時候起，意識才能真實地這樣想像：它是某

---

5 《觀堂集林·釋史》。

6 史、祝、卜是同一的，如「公筮之，史曰吉」（《左傳·成公16年》），
　「晉趙鞅卜救救鄭，遇水適火，占諸史趙史墨史龜」（《左傳·哀公9
　年》），「使祝史徙主祏於周廟」（《左傳·昭公18年》），「其祝史陳信於鬼
　神」（《左傳·襄公27年》），「我大史也，實掌其祭」（《左傳·閔公2
　年》），「夫人作享，家為巫史」（〈楚語下〉）等等。

種和現存實踐意識不同的東西，它不用想像某種真實的東西而能
夠真實地想像某種東西。」「在這個階級內部，一部分人是作為該
階級的思想家而出現的（他們是這一階級的積極的，有概括能力
的思想家，他們把編造這一階級關於自身的幻想當作謀生的主要
泉源）……」[7]。中國古代的「巫」、「尹」、「史」正是這樣。他
們是殷周統治者階級中一批積極的、有概括能力的「思想家」，他
們「格於皇天」，「格於上帝」，是僧侶的最初形式。他們在宗教衣
裝下，為其本階級的利益考慮未來，出謀劃策，從而好像他們的
這種腦力活動是某種與現存實踐意識不同的東西，它不是去想像
現存的各種事物，而是能夠真實地想像某種東西，這即是通過神
祕詭異的巫術——宗教形式來提出「理想」，預卜未來，編造關於
自身的幻想，把階級的統治說成是上天的旨意。「自古帝王將建國
受命，興動事業，何嘗不寶卜筮以助善。唐虞以上，不可記已，
自三代之興，各據禎祥。」（《史記‧龜策列傳》）這也恰好表明，
「唐虞以上」的原始社會還不好說，夏、商、周的「建國受命」
建立統治，則總是要依賴這些「巫」、「史」、「尹」來編造、宣傳
本階級的幻想和「禎祥」。

　　這種「幻想」和「禎祥」，這種「真實地想像」即意識形態的
獨立的專門生產，以寫實圖象的形態，表現在青銅器上。如果說，
陶器紋飾的製定、規範和演變，大抵還是尚未脫離物質生產的氏
族領導成員，體現的是氏族部落的全民性的觀念、想像；那麼，

---

7 《德意志意識形態》。

青銅器紋飾的製定規範者，則應該已是這批宗教性政治性的大人
物，這些「能真實地想像某種東西」的巫、尹、史。儘管青銅器
的鑄造者是體力勞動者甚至奴隸，儘管某些青銅器紋飾也可溯源
於原始圖騰和陶器圖案，但它們畢竟主要是體現了早期宗法制社
會的統治者的威嚴、力量和意志。它們與陶器上神祕怪異的幾何
紋樣，在性質上已有了區別。以饕餮為突出代表的青銅器紋飾，
已不同於神異的幾何抽象紋飾，它們是遠為具體的動物形象，但
又確乎已不是去「想像某種真實的東西」，在現實世界並沒有對應
的這種動物；它們屬於「真實地想像」出來的「某種東西」，這種
東西是為其統治的利益、需要而想像編造出來的「禎祥」或標記。
它們以超世間的神祕威嚇的動物形象，表示出這個初生階級對自
身統治地位的肯定和幻想：

　　昔夏之方有德也，遠方圖物，貢金九牧，鑄鼎象物，百物而
為之備，使民知神奸。故民入川澤山林，不逢不若。魑魅魍魎，
莫能逢之。用能協於上下，以承天休。（《左傳・宣公 3 年》）

　　以饕餮為代表的青銅器紋飾具有肯定自身、保護社會、「協上
下」、「承天休」的禎祥意義。那麼，饕餮究竟是什麼呢？這迄今
尚無定論。唯一可以肯定的是，它是獸面紋。是什麼獸？則各種
說法都有：牛、羊、虎、鹿、山魈……。本書基本同意它是牛頭
紋。但此牛非凡牛，而是當時巫術宗教儀典中的聖牛[8]。現代民
俗學對中國西南少數民族的調查表明，牛頭作為巫術宗教儀典的

主要標誌，被高高掛在樹梢，對該氏族部落具有極為重要的神聖意義和保護功能。它實際是原始祭祀禮儀的符號標記。這符號在幻想中含有巨大的原始力量，從而是神祕、恐怖、威嚇的象徵，它可能就是上述巫、尹、史們的幻想傑作。所以，各式各樣的饕餮紋樣及以它為主體的整個青銅器其他紋飾和造型，特徵都在突出這種指向一種無限深淵的原始力量，突出在這種神祕威嚇面前的畏怖、恐懼、殘酷和凶狠。你看那些著名的商鼎和周初鼎，你看那個獸（人？）面大鉞，你看那滿身布滿了的雷紋，你看那與饕餮糾纏在一起的夔龍夔鳳，你看那各種變異了的、並不存在於現實世界的各種動物形象，例如那神祕的夜的使者——鴟鴞，你看那可怖的人面鼎，……它們遠不再是仰韶彩陶紋飾中的那些生動活潑愉快寫實的形象了，也不同於儘管神祕畢竟抽象的陶器的幾何紋樣了。它們完全是變形了的、風格化了的、幻想的、可怖的動物形象。它們呈現給你的感受是一種神祕的威力和獰厲的美。它們之所以具有威嚇神祕的力量，不在於這些怪異動物形象本身有如何的威力，而在於以這些怪異形象為象徵符號，指向了某種似乎是超世間的權威神力的觀念；它們之所以美，不在於這些形象如何具有裝飾風味等等（如時下某些美術史所認為），而在於以這些怪異形象的雄健線條，深沉凸出的鑄造刻飾，恰到好處地體

---

8 古史艷稱的所謂「伊尹以宰割要湯」，實際可能是與宰割聖牛有關祭祀的故事。周人祭祀仍用牛。《論語》：「犁牛之子，騂且角，雖欲勿用，山川其舍諸？」

現了一種無限的、原始的，還不能用概念語言來表達的原始宗教
的情感、觀念和理想，配上那沉著、堅實、穩定的器物造型，極
為成功地反映了「有虔秉鉞，如火烈烈」（《詩·商頌》）那進入文
明時代所必經的血與火的野蠻年代。

　　人類從動物開始。為了擺脫動物狀態，人類最初使用了野蠻
的、幾乎是動物般的手段，這就是歷史真相。歷史從來不是在溫
情脈脈的人道牧歌聲中進展，相反，它經常要無情地踐踏著千萬
具屍體而前行。戰爭就是這種最野蠻的手段之一。原始社會晚期
以來，隨著氏族部落的吞併，戰爭越來越頻繁，規模越來越巨大。
中國兵書成熟如此之早，正是長期戰爭經驗的概括反映。「自剝林
木（剝林木而戰）而來，何日而無戰？大昊之難，七十戰而後濟；
黃帝之難，五十二戰而後濟；少昊之難，四十八戰而後濟；昆吾
之戰，五十戰而後濟；牧野之戰，血流漂杵。」（羅泌：《路史·
前紀卷五》）大概從炎黃時代直到殷周，大規模的氏族部落之間的
合併戰爭，以及隨之而來的大規模的、經常的屠殺、俘獲、掠奪、
奴役、壓迫和剝削，便是社會的基本動向和歷史的常規課題。暴
力是文明社會的產婆。炫耀暴力和武功是氏族、部落大合併的早
期宗法制這一整個歷史時期的光輝和驕傲。所以繼原始的神話、
英雄之後的，便是這種對自己氏族、祖先和當代的這種種野蠻吞
併戰爭的歌頌和誇揚。殷周青銅器也大多為此而製作，它們作為
祭祀的「禮器」，多半供獻給祖先或銘記自己武力征伐的勝利。與
當時大批殺俘以行祭禮完全吻同合拍。「非我族類，其心必異」，
殺掉甚或吃掉非本氏族、部落的敵人是原始戰爭以來的史實，殺

俘以祭本氏族的圖騰和祖先，更是當時的常禮。因之，吃人的饕
餮倒恰好可作為這個時代的標準符號。《呂氏春秋・先識覽》說，
「周鼎著饕餮，有首無身，食人未咽，害及其身。」神話失傳，
意已難解。但「吃人」這一基本涵義，卻是完全符合凶怪恐怖的
饕餮形象的。它一方面是恐怖的化身，另方面又是保護的神祇。
它對異氏族、部落是威懼恐嚇的符號；對本氏族、部落則又具有
保護的神力[9]。這種雙重性的宗教觀念、情感和想像便凝聚在此
怪異獰厲的形象之中。在今天看來是如此之野蠻，在當時則有其
歷史的合理性。也正因如此，古代諸氏族的野蠻的神話傳說、殘
暴的戰爭故事和藝術作品，包括荷馬的史詩、非洲的面具……，
儘管非常粗野，甚至獰厲可怖，卻仍然保持著巨大的美學魅力。
中國的青銅饕餮也是這樣。在那看來獰厲可畏的威嚇神祕中，積
澱著一股深沉的歷史力量。它的神祕恐怖正只是與這種無可阻擋
的巨大歷史力量相結合，才成為美——崇高的。人在這裡確乎毫
無地位和力量，有地位的是這種神祕化的動物變形，它威嚇、吞
食、壓制、踐踏著人的身心。但當時社會必須通過這種種血與火
的凶殘、野蠻、恐怖、威力來開闢自己的道路向前跨進。用感傷
態度便無法理解青銅時代的藝術。這個動輒殺戮千百俘虜、奴隸
的歷史年代早成過去，但代表、體現這個時代精神的青銅藝術之

---

9 據張光直《中國青銅器時代》，「吃人」舊解誤，人頭於獸口中乃溝通天
　人之巫 (shaman)，且此獸於人乃相助者而非敵對者。即使如此，上述論
　斷仍可成立。

所以至今為我們所欣賞、讚嘆不絕,不正在於它們體現了這種被神祕化了的客觀歷史前進的超人力量嗎?正是這種超人的歷史力量才構成了青銅藝術的獰厲的美的本質。這如同給人以恐怖效果的希臘悲劇所渲染的命運感,由於體現著某種歷史必然性和力量而成為美的藝術一樣。超人的歷史力量與原始宗教神祕觀念的結合,也使青銅藝術散發著一種嚴重的命運氣氛,加重了它的神祕獰厲風格。

同時,由於早期宗法制與原始社會畢竟不可分割,這種種凶狠殘暴的形象中,又仍然保持著某種真實的稚氣。從而使這種毫不掩飾的神祕獰厲,反而蕩漾出一種不可復現和不可企及的童年氣派的美麗。特別是今天看來,這一特色更為明白。你看那個獸(人)面大鉞,儘管在有意識地極力誇張獰獰可怖,但其中不又仍然存留著某種稚氣甚至嫵媚的東西麼?好些饕餮紋飾也是如此。它們仍有某種原始的、天真的、拙樸的美。

所以,遠不是任何獰獰神祕都能成為美。恰好相反,後世那些張牙舞爪的各類人、神造型或動物形象,儘管如何誇耀威嚇恐懼,卻徒然只顯其空虛可笑而已。它們沒有青銅藝術這種歷史必然的命運力量和人類早期的童年氣質。

社會愈發展,文明愈進步,也才愈能欣賞和評價這種崇高獰厲的美。在宗法制時期,它們並非審美觀賞對象,而是誠惶誠恐頂禮供獻的宗教禮器;在封建時代,也有因為害怕這種獰厲形象而銷毀它們的史實,「舊時有謂鐘鼎為祟而毀器之事,蓋即緣於此等形象之可駭怪而致」[10]。恰恰只有在物質文明高度發展,宗教

觀念已經淡薄，殘酷凶狠已成陳跡的文明社會裡，體現出遠古歷史前進的力量和命運的藝術，才能為人們所理解、欣賞和喜愛，才成為真正的審美對象。

 線的藝術

與青銅時代同時發達成熟的，是漢字。漢字作為書法，終於在後世成為中國獨有的藝術部類和審美對象。追根溯源，也應回顧到它的這個定形確立時期。

甲骨文已是相當成熟的漢字了。它的形體結構和造字方式，為後世漢字和書法的發展奠定了原則和基礎。漢字是以「象形」「指事」為本源。「象形」有如繪畫，來自對對象概括性極大的模擬寫實。然而如同傳聞中的結繩記事一樣，從一開始，象形字就已包含有超越被模擬對象的符號意義。一個字表現的不只是一個或一種對象，而且也經常是一類事實或過程，也包括主觀的意味、要求和期望。這即是說，「象形」中也已蘊涵有「指事」、「會意」

---

10 郭沫若：《青銅時代・彝器形象學試探》。原注：「隋書，開皇十一年正月丁亥，以平陳所得古器多為禍變，悉命毀之。」「靖康北徙，器亦北遷，金汴季年，鐘鼎為祟，宮殿之玩，悉毀無餘。」

的內容。正是這個方面使漢字的象形在本質上有別於繪畫,具有符號所特有的抽象意義、價值和功能。但由於它既源出於「象形」,並且在其發展行程中沒有完全拋棄這一原則,從而就使這種符號作用所寄居的字形本身,以形體模擬的多樣可能性,取得相對獨立的性質和自己的發展道路,即是說,漢字形體獲得了獨立於符號意義(字義)的發展徑途。以後,它更以其淨化了的線條美——比彩陶紋飾的抽象幾何紋還要更為自由和更為多樣的線的曲直運動和空間構造,表現出和表達出種種形體姿態、情感意興和氣勢力量,終於形成中國特有的線的藝術:書法。

許慎在《說文解字・序》中說:

倉頡之初作書,蓋依類象形,故謂之文。

以後許多書家也認為,作為書法的漢字確有模擬、造型這個方面:

或象龜文,或比龍麟,舒體放尾,長翅短身,頡若黍稷之垂穎,蘊若蟲蚊之炎縕。(蔡邕:《篆勢》)

或櫛比針列,或砥繩平直,或蜿蜒繆戾,或長邪角趣。(《隸勢》)

緬想聖達立卦造書之意,乃復仰觀俯案六合之際焉。於天地山川得玄遠流峙之形,於日月星辰得經緯昭回之度,於雲霞草木得霏布滋蔓之容,於衣冠文物得揖讓周旋之體,於鬚眉口鼻得喜

怒慘舒之分，於蟲魚禽獸得屈伸飛動之理，於骨角齒牙得擺抵咀
嚼之勢。隨手萬變，任心所成，可謂通三才之品，匯備萬物之性
狀者矣。（李陽冰：《論篆》）

　　這表明，從篆書開始，書家和書法必須注意對客觀世界各種
對象、形體、姿態的模擬、吸取，即使這種模擬吸取具有極大的
靈活性、概括性和抽象化的自由。這是一方面。另一方面，「象
形」作為「文」的本意，是漢字的始源。後世「文」的概念便擴
而充之相當於「美」。漢字書法的美也確乎建立在從象形基礎上演
化出來的線條章法和形體結構之上，即在它們的曲直適宜，縱橫
合度，結體自如，布局完滿。甲骨文開始了這個美的歷程。「至其
懸針垂韭之筆致，橫直轉折，安排緊湊，又如三等角之配合，空
間疏密之調和，諸如此類，竟能給一段文字以全篇之美觀。此美
莫非來自意境而為當時書家精意結構可知也。」[11] 應該說，這種
淨化了的線條美——書法藝術在當時遠遠不是自覺的。就是到鐘
鼎金文的數百年過程中，由開始的圖畫形體發展到後來的線的著
意舒展，由開始的單個圖騰符號發展到後來長篇的銘功記事，也
一直要到東周春秋之際，才比較明顯地表現出對這種書法美的有
意識地追求。它與當時銘文內容的滋蔓和文章風格的追求是頗相
一致的。郭沫若說，「東周而後，書史之性質變而為文飾，如鐘鏄

11 鄧以蟄：〈書法之欣賞〉，轉引自宗白華〈中國書法中的美學思想〉，《哲
　　學研究》1962 年第 1 期。

之銘多韻語,以規整之款式鏤刻於器表,其字體亦多作波磔而有意求工。……凡此均於審美意識之下所施之文飾也,其效用與花紋同。中國以文字為藝術品之習尚當自此始」[12]。有如青銅饕餮這時也逐漸變成了好看的文飾一樣。在早期,青銅饕餮和這些漢字符號(經常鑄刻在不易為人所見的器物底部等處)都具嚴重的神聖涵義,根本沒考慮到審美,但到春秋戰國,它作為審美對象的藝術特性便突出地獨立地發展開來了。與此並行,具有某種獨立性質的藝術作品和審美意識也要到這時才真正出現。

　　如果拿殷代的金文和周代比,前者更近於甲文,直線多而圓角少,首尾常露尖銳鋒芒。但布局、結構的美雖不自覺,卻已有顯露。到周金中期的大篇銘文,則章法講究,筆勢圓潤,風格分化,各派齊出,字體或長或圓,刻畫或輕或重。著名的〈毛公鼎〉、〈散氏盤〉等達到了金文藝術的極致。它們或方或圓,或結體嚴正,章法嚴勁而剛健,一派崇高肅毅之氣;或結體沉圓,似疏而密,外柔而內剛,一派開闊寬厚之容。它們又都以圓渾沉雄的共同風格區別於殷商的尖利直拙。「中國古代商周銅器銘文裡所表現章法的美,令人相信倉頡四目窺見了宇宙的神奇,獲得自然界最深妙的形式的祕密。」「通過結構的疏密,點畫的輕重,行筆的緩急……,就像音樂藝術從自然界的群聲裡抽出樂音來,發展這樂音間相互結合的規律,用強弱、高低、節奏、旋律等有規律的變化來表現自然界社會界的形象和內心的情感。」[13] 在這些頗

---

12 郭沫若:《青銅時代・周代彝銘進化觀》。

帶誇張的說法裡，倒可以看出作為線的藝術的中國書法的某些特徵：它像音樂從聲音世界裡提煉抽取出樂音來，依據自身的規律，獨立地展開為旋律、和聲一樣，淨化了的線條——書法美，以其掙脫和超越形體模擬的筆劃（後代成為所謂「永字八法」）的自由開展，構造出一個個一篇篇錯綜交織、豐富多樣的紙上的音樂和舞蹈，用以抒情和表意。可見，甲骨、金文之所以能開創中國書法藝術獨立發展的道路，其祕密正在於它們把象形的圖畫模擬，逐漸變為純粹化了（即淨化）的抽象的線條和結構。這種淨化了的線條——書法美，就不是一般的圖案花紋的形式美、裝飾美，而是真正意義上的「有意味的形式」。一般形式美經常是靜止的、程式化、規格化和失去現實生命感、力量感的東西（如美術字），「有意味的形式」則恰恰相反，它是活生生的、流動的、富有生命暗示和表現力量的美。中國書法——線的藝術非前者而正是後者，所以，它不是線條的整齊一律均衡對稱的形式美，而是遠為多樣流動的自由美。行雲流水，骨力追風，有柔有剛，方圓適度。它的每一個字、每一篇、每一幅都可以有創造、有變革甚至有個性，並不作機械的重複和僵硬的規範。它既狀物又抒情，兼備造型（概括性的模擬）和表現（抒發情感）兩種因素和成分，並在其長久的發展行程中，終以後者占了主導和優勢（參看本書〈盛唐之音〉）。書法由接近於繪畫雕刻變而為可等同於音樂和舞蹈。並且，不是書法從繪畫而是繪畫要從書法中吸取經驗、技巧和力

13 宗白華：〈中國書法中的美學思想〉。

量。運筆的輕重、疾澀、虛實、強弱、轉折頓挫、節奏韻律，淨化了的線條如同音樂旋律一般，它們竟成了中國各類造型藝術和表現藝術的魂靈。

金文之後是小篆，它是筆劃均勻的曲線長形，結構的美異常突出，再後是漢隸，破圓而方，變聯續而斷絕，再變而為草、行、真，隨著時代和社會發展變遷，就在這「上下左右之位，方圓大小之形」的結體和「疏密起伏」、「曲直波瀾」的筆勢中，創造出了各種各樣多彩多姿的書法藝術。它們具有高度的審美價值。與書法同類的印章也如此。在一塊極為有限的小小天地中，卻以其刀筆和結構，表現出種種意趣氣勢，形成各種風格流派，這也是中國所獨有的另一「有意味的形式」。而印章究其字體始源，又仍得追溯到青銅時代的鐘鼎金文。

（三） 解體和解放

如前所述，金文、書法到春秋戰國已開始了對美的有意識的追求，整個青銅藝術亦然。審美、藝術日益從巫術與宗教的籠罩下解放出來，正如整個社會生活日益從早期宗法制保留的原始公社結構體制下解放出來一樣。但是這樣一來，作為時代鏡子的青銅藝術也就走上了它的沒落之途。「如火烈烈」的蠻野恐怖已成過

去，理性的、分析的、細纖的、人間的意興趣味和時代風貌日漸蔓延。作為祭祀的青銅禮器也日益失去其神聖光彩和威嚇力量。無論造型或紋飾，青銅器都在變化。

迄今國內關於這個問題可資遵循的材料，仍然是郭沫若三〇年代的分期。郭指出殷周青銅器可分為四期。

第一期是「濫觴期」，青銅初興，粗製草創，紋飾簡陋，乏美可賞。

第二期為「勃古期」（「殷商後期至周成康昭穆之世」）。這個時期的器物「為向來嗜古者所寶重。其器多鼎，……形制率厚重，其有紋繢者，刻鏤率深沉，多於全身雷紋之中，施以饕餮紋，夔鳳夔龍象紋等次之，大抵以雷紋饕餮為紋繢之領導。……饕餮、夔龍、夔鳳，均想像中之奇異動物。……象紋率經幻想化而非寫實」[14]。這也就是上面講過的青銅藝術的成熟期，也是最具有審美價值的青銅藝術品。它以中國特有的三足器——鼎為核心代表，器制沉雄厚實，紋飾獰厲神祕，刻鏤深重凸出。此外如殷器「古父己卣」，「頸部及圈足各飾夔紋，腹部飾以浮雕大牛頭，雙角翹起，突出器外，巨睛凝視，有威嚴神祕的風格。銘文字體是典型的商代後期風格」[15]。如周器「伯矩鬲」，也同樣是突出牛頭、尖角，一派壓力雄沉神祕之感。它們都是青銅藝術的美的標本。

第三期是「開放期」。郭沫若說，開放期的器物，……形制率

---

14 郭沫若：《青銅時代·彝器形象學試探》。
15 《殷周青銅器選》，文物出版社，1976年。

較前期簡便。有紋繢者，刻鏤漸浮淺，多粗花。前期盛極一時之雷紋，幾至絕跡。饕餮失其權威，多縮小而降低於附庸地位（如鼎簋等之足）。夔龍夔鳳等，化為變相夔紋，盤夔紋，……大抵本期之器已脫去神話傳統之束縛[16]。與「鑄器日趨簡陋，勒銘亦日趨於簡陋」相並行，這正是青銅時代的解體期。社會在發展，文明在跨進，生產力在提高，鐵器和牛耕大量普及，保留有大量原始社會體制結構的早期宗法制走向衰亡。工商奴隸主和以政刑成文法典為標誌的新興勢力、體制和變法運動代之而興。社會的解體和觀念的解放是聯在一起的。懷疑論、無神論思潮在春秋已蔚為風氣，殷周以來的遠古巫術宗教傳統在迅速褪色，失去其神聖的地位和紋飾的位置。再也無法用原始的、非理性的、不可言說的怖厲神祕來威嚇、管轄和統治人們的身心了。所以，作為那個時代精神的藝術符號的青銅饕餮也「失其權威，多縮小而降低於附庸地位」了。中國古代社會在意識形態領域進入第一個理性主義的新時期。

第四期是「新式期」。新式期之器物「形式可分為墮落式與精進式兩種。墮落式沿前期之路線而益趨簡陋，多無紋繢。……精進式則輕靈而多奇構，紋繢刻鏤更淺細。……器之紋繢多為同一印板之反覆，紋樣繁多，不主故常。與前二期之每成定式大異其撰。其較習見者，為蟠螭紋或蟠虺紋，乃前期蟠夔紋之精巧化也。有鑲嵌錯金之新奇，有羽人飛獸之躍進，附麗於器體之動物，多

---

16 郭沫若：《青銅時代・彝器形象學試探》。

用寫實形」[17]。

這一時期已是戰國年代。這兩種式樣恰好準確地折射出當時新舊兩種體系、力量和觀念的消長興衰，反映著舊的敗亡和新的崛起。所謂無紋繢的「墮落式」，是舊有巫術宗教觀念已經衰頹的反映；而所謂「輕靈多巧」的「精進式」，則代表一種新的趣味、觀念、標準和理想在勃興。儘管它們還是在青銅器物、紋飾、形象上變換花樣，但已具有全新的性質、內容和涵義。它們已是另一種青銅藝術、另一種美了。

這種美在於，宗教束縛的解除，使現實生活和人間趣味更自由地進入作為傳統禮器的青銅領域。手法由象徵而寫實，器形由厚重而輕靈，造型由嚴正而「奇巧」，刻鏤由深沉而浮淺，紋飾由簡體、定式、神祕而繁複、多變、理性化。到戰國，世間的征戰，車馬、戈戟等等，統統以接近生活的寫實面貌和比較自由生動、不受拘束的新形式上了青銅器。

像近年出土的戰國中山王墓的大量銅器就很標準。除了那不易變動的「中」形禮器還保留著古老圖騰的獰厲威嚇的特色外，其他都已經理性化、世間化了。玉器也逐漸失去遠古時代的象徵意義，而更多成為玩賞的對象，或賦予倫理的含意。你看那夔紋玉佩飾，你看那些浮雕石板，你看那頎長秀麗的長篇銘文，儘管它們仍屬祭祀禮器之類，但已毫不令人懼畏、惶恐或崇拜，而只能使人驚訝、讚賞和撫愛。那四鹿四龍四鳳銅方案、十五連盞銅

---

17 同上。

燈，製作是何等精巧奇異，真不愧為「奇構」，美得很。然而，卻
不能令人起任何崇高之感。儘管也有龍有鳳，但這種龍、鳳以及
饕餮已完全失去其主宰人們、支配命運的歷史威力，最多只具有
某種輕淡的神怪意味以供人玩賞裝飾罷了。戰國青銅壺上許多著
名的宴飲、水陸攻戰紋飾，紋飾是那麼膚淺，簡直像浮在器面表
層上的繪畫，更表明一種全新的審美趣味、理想和要求在廣為傳
播。其基本特點是對世間現實生活肯定，對傳統宗教束縛的掙脫，
是觀念、情感、想像的解放。青銅器上充滿了各種活潑的人間圖
景：僅在一個銅壺表面上，「第一層右方是採桑，左方是羽射及狩
獵。第二層左方是射雁，……右方是許多人飲宴於樓上，樓下的
一個女子在歌舞，旁有奏樂者相伴，有擊磬的，有擊鐘的……第
三層左方是水戰，右方是攻防戰：一面是堅壁防守，一面是用雲
梯攻城」[18]。你看那引滿的弓、游動的魚、飛行的鳥、荷戟的人
……，正如前述中山王墓中的十五連盞銅燈等青銅器已是漢代「長
信宮燈」、「馬踏飛燕」等作品的直接前驅一樣，這些青銅淺浮雕
不也正是漢代藝術——例如著名的漢畫像石的直接先導麼？它們
更接近於漢代而不接近殷周，儘管它們仍屬於青銅藝術。這正像
在社會性質上，戰國更接近秦漢而大不同於殷、周（前期）一樣。

　　然而，當青銅藝術只能作為表現高度工藝技巧水平的藝術作
品時，實際便已到它的終結之處。戰國青銅巧則巧矣，確乎可以
炫人心目，但如果與前述那種獰厲之美的殷周器物一相比較，則

---

18 楊宗榮編：《戰國繪畫資料》，中國古典藝術出版社，1957 年，第 7 頁。

力量之厚薄，氣魄之大小，內容之深淺，審美價值之高下，就判然有別。十分清楚，人們更願欣賞那獰厲神祕的青銅饕餮的崇高美，它們畢竟是那個「如火烈烈」的社會時代精神的美的體現。它們才是青銅藝術的真正典範。

三、先秦理性精神

（一）儒道互補

所謂「先秦」，一般均指春秋戰國而言。它以氏族公社基本結構解體為基礎，是中國古代社會最大的激劇變革時期。在意識形態領域，也是最為活躍的開拓、創造時期，百家蜂起，諸子爭鳴。其中所貫穿的一個總思潮、總傾向，便是理性主義。正是它承先啟後，一方面擺脫原始巫術宗教的種種觀念傳統，另方面開始奠定漢民族的文化—心理結構。就思想、文藝領域說，這主要表現為以孔子為代表的儒家學說，以莊子為代表的道家，則作了它的對立和補充。儒道互補是兩千多年來中國思想一條基本線索。

漢文化所以不同於其他民族的文化，中國人所以不同於外國人，中華藝術所以不同於其他藝術，其思想來由仍應追溯到先秦孔學。不管是好是壞，是批判還是繼承，孔子在塑造中國民族性格和文化—心理結構上的歷史地位，已是一種難以否認的客觀事實[1]。孔學在世界上成為中國文化的代名詞，並非偶然。

孔子所以取得這種歷史地位是與他用理性主義精神來重新解釋古代原始文化——「禮樂」分不開的。他把原始文化納入實踐理性的統轄之下。所謂「實踐理性」，是說把理性引導和貫徹在日

---

1 參看拙作〈孔子再評價〉，《中國社會科學》1980 年第 2 期。

常現實世間生活、倫常感情和政治觀念中，而不作抽象的玄思。
繼孔子之後，孟、荀完成了儒學的這條路線。

　　這條路線的基本特徵是：懷疑論或無神論的世界觀和對現實
生活積極進取的人生觀。它以心理學和倫理學的結合統一為核心
和基礎。孔子答宰我「三年之喪」，把這一點表現得非常明朗：

　　宰我問三年之喪，期已久矣。君子三年不為禮，禮必壞；三
　年不為樂，樂必崩。舊穀既沒，新穀既升，鑽燧改火，期可已矣。
　子曰，食夫稻，衣夫錦，於女安乎？曰安。女安則為之。夫君子
　之居喪，食旨不甘，聞樂不樂，居處不安，故不為也。今女安則
　為之。宰我出。子曰，予之不仁也。子生三年，然後免於父母之
　懷。夫三年之喪，天下之通喪也。予也有三年之愛於其父母乎？
　（《論語·陽貨》）

　　且不管三年喪制是否儒家杜撰，這裡重要的，是把傳統禮制
歸結和建立在親子之愛這種普遍而又日常的心理基礎和原則之
上。把一種本來沒有多少道理可講的禮儀制度予以實踐理性的心
理學的解釋，從而也就把原來是外在的強制性的規範，改變而為
主動性的內在欲求，把禮樂服務和服從於神，變而為服務和服從
於人。孔子不是把人的情感、觀念、儀式（宗教三要素[2]）引向

---

2 參看普列漢諾夫：「可以給宗教下一個這樣的定義：宗教是觀念、情緒和
　活動的相當嚴整的體系。觀念是宗教的神話因素，情緒屬於宗教感情領

外在的崇拜對象或神祕境界，相反，而是把這三者引導和消溶在以親子血緣為基礎的世間關係和現實生活之中，使情感不導向異化了的神學大廈和偶像符號，而將其抒發和滿足在日常心理－倫理的社會人生中。這也正是中國藝術和審美的重要特徵。〈樂論〉（荀子）與《詩學》（亞里士多德）的中西差異（一個強調藝術對於情感的構建和塑造作用，一個重視藝術的認識模擬功能和接近宗教情緒的淨化作用），也由此而來。中國重視的是情、理結合，以理節情的平衡，是社會性、倫理性的心理感受和滿足，而不是禁欲性的官能壓抑，也不是理智性的認識愉快，更不是具有神祕性的情感迷狂（柏拉圖）或心靈淨化（亞里士多德）。

與「禮」被重新解釋為「仁」（孔子）、為「仁政」、為「人皆有不忍人之心」（孟子）一樣，「樂」也被重新作了一系列實踐理性的規定和解釋，使它從原始巫術歌舞中解放出來：「禮云禮云，玉帛云乎哉。樂云樂云，鐘鼓云乎哉。」（《論語·陽貨》）「樂則生矣，生則惡可已也？惡可已；則不知足之蹈之，手之舞之」（《孟子·離婁上》），「口之於味也，有同嗜焉；耳之於聲也，有同聽焉；目之於色也，有同美焉。」（《孟子·告子上》）在這裡，藝術已不是外在的儀節形式，而是（一）它必須訴之於感官愉快並具有普遍性；（二）與倫理性的社會感情相聯繫，從而與現實政治有關。這種由孔子開始的對禮樂的理性主義新解釋，到荀子學派手

域，而活動則屬於宗教禮拜方面，換句話說，屬於宗教儀式方面。」（〈論俄國的宗教探尋〉，《普列漢諾夫哲學選集》第 3 卷，第 363 頁。）

裡，便達到了最高峰。而《樂記》一書也就成了中國古代最早最專門的美學文獻。

　　夫樂者，樂也。人情之所必不免也。故人不能無樂。……使其聲足以樂而不流，使其文足以辨而不諰，使其曲直、繁省、廉肉、節奏，足以感動人之善心，使夫邪污之氣無由得接焉。(《荀子·樂論》)

　　凡音者，生人心者也。情動於中，故形於聲。聲成文，謂之音。是故治世之音安，以樂其政和。亂世之音怨，以怒其政乖。亡國之音哀，以思其民困。聲音之道，與政通矣。(《樂記·樂本》)

　　郭沫若說，「中國舊時的所謂『樂』，它的內容包含得很廣。音樂、詩歌、舞蹈，本是三位一體可不用說，繪畫、雕鏤、建築等造型美術也被包含著，甚至於連儀仗、田獵、肴饌等都可以涵蓋。所謂樂者，樂也。凡是使人快樂，使人的感官可以得到享受的東西，都可以廣泛地稱之為樂，但它以音樂為其代表，是毫無問題的。」[3] 可見《樂記》所總結提出的便不只是音樂理論而已，而是以音樂為代表關於整個藝術領域的美學思想，把音樂以及各種藝術與官能 (「目欲綦色，耳欲綦聲，口欲綦味……」) 和情感 (「樂從中出」，「夫民有好惡之情而無喜怒之應，則亂」) 緊相聯

3 郭沫若：《青銅時代·公孫尼子與其音樂理論》。

繫，認為「樂近於仁，義近於理」，「樂統同，禮辨異」，清楚指明了藝術—審美不同於理智制度等外在規範的内在情感特性，但這種情感感染和陶冶又是與現實社會生活和政治狀態緊相關聯的，「其善民心，其移風易俗易」。

正因為重視的不是認識模擬，而是情感感受，於是，與中國哲學思想相一致，中國美學的著眼點更多不是對象、實體，而是功能、關係、韻律。從「陰陽」（以及後代的有無、形神、虛實等）、「和同」到氣勢、韻味，中國古典美學的範疇、規律和原則大都是功能性的。它們作為矛盾結構，強調得更多的是對立面之間的滲透與協調，而不是對立面的排斥與衝突。作為反映，強調得更多的是内在生命意興的表達，而不在模擬的忠實、再現的可信。作為效果，強調得更多的是情理結合、情感中潛藏著智慧以得到現實人生的和諧和滿足，而不是非理性的迷狂或超世間的信念。作為形象，強調得更多的是情感性的優美（「陰柔」）和壯美（「陽剛」），而不是宿命的恐懼或悲劇性的崇高。所有這些中國古典美學的「中和」原則和藝術特徵，都無不可以追溯到先秦理性精神。

理性精神是先秦各派的共同傾向。名家搞邏輯，法家倡刑名，都表現出這一點。其中，與美學—藝術領域關係更大和影響深遠的，除儒學外，要推以莊子為代表的道家。道家作為儒家的補充和對立面，相反相成地在塑造中國人的世界觀、人生觀、文化心理結構和藝術理想、審美興趣上，與儒家一道，起了決定性的作用。

　　還要從孔子開始。孔子世界觀中的懷疑論因素和積極的人生態度（「敬鬼神而遠之，可謂知矣」，「知其不可而為之」等等），一方面終於發展為荀子、《易傳》的樂觀進取的無神論（「制天命而用之」，「天行健，君子以自強不息」），另方面則演化為莊周的泛神論。孔子對氏族成員個體人格的尊重（「三軍可奪帥也，匹夫不可奪志也」），一方面發展為孟子的偉大人格理想（「富貴不能淫，貧賤不能移，威武不能屈」），另方面也演化為莊子的遺世絕俗的獨立人格理想（「彷徨乎塵垢之外，逍遙乎無為之業」）。表面看來，儒、道是離異而對立的，一個入世，一個出世；一個樂觀進取，一個消極退避；但實際上它們剛好相互補充而協調。不但「兼濟天下」與「獨善其身」經常是後世士大夫的互補人生路途，而且悲歌慷慨與憤世嫉俗，「身在江湖」而「心存魏闕」，也成為中國歷代知識分子的常規心理以及其藝術意念。但是，儒、道又畢竟是離異的。如果說荀子強調的是「性無偽則不能自美」；那麼莊子強調的卻是「天地有大美而不言」。前者強調藝術的人工製作和外在功利，後者突出的是自然，即美和藝術的獨立。如果前者由於以其狹隘實用的功利框架，經常造成對藝術和審美的束縛、損害和破壞；那麼，後者則恰恰給予這種框架和束縛以強有力的衝擊、解脫和否定。浪漫不羈的形象想像，熱烈奔放的情感抒發，獨特個性的追求表達，它們從內容到形式不斷給中國藝術發展提供新鮮的動力。莊子儘管避棄現世，卻並不否定生命，而無寧對自然生命抱著珍貴愛惜的態度，這使他的泛神論的哲學思想和對待人生的審美態度充滿了感情的光輝，恰恰可以補充、加深儒家

而與儒家一致。所以說,老莊道家是孔學儒家的對立的補充者。

「可以言論者,物之粗也。可以意致者,物之精也。言之所不能論,意之所不能察致者,不期精粗焉。」(《莊子‧秋水》)「世之所貴道者,書也,書不過語,語有貴也。語之所貴者,意也;意有所隨,意之所隨者,不可言傳也。而世因貴言傳書。世雖貴之,我猶不足貴也,為其貴非其貴也。」(《莊子‧天道》)在這些似乎神祕的說法中,卻比儒家以及其他任何派別更抓住了藝術、審美和創作的基本特徵:形象大於思想;想像重於概念;大巧若拙,言不盡意;用志不紛,乃凝於神。儒家強調的是官能、情感的正常滿足和抒發(審美與情感、官能有關),是藝術為社會政治服務的實用功利;道家強調的是人與外界對象的超功利的無為關係亦即審美關係,是內在的、精神的、實質的美,是藝術創造的非認識性的規律。如果說,前者(儒家)對後世文藝的影響主要在主題內容方面;那麼,後者則更多在創作規律方面,亦即審美方面。而藝術作為獨特的意識形態,重要性恰恰是其審美規律。

(二) 賦比興原則

如果說,訴諸感官知覺的審美形式的各藝術部類在舊、新石

器時代便有了開端。那麼，以概念文字為材料，訴諸想像的藝術
一文學的發生發展卻要晚得多。儘管甲骨（卜辭）、金文（鐘鼎銘
文）以及《易經》的某些經文、《詩經》的〈雅〉（〈大雅〉）〈頌〉
都含有具有審美意義的片斷文句，但它們未必能算真正的文學作
品。「虞夏之書渾渾爾，商書灝灝爾，周書噩噩爾。」（揚雄：《法
言》）這些古老文字畢竟難以卒讀，不可能喚起人們對它們的審美
感受。真正可以作為文學作品看待的，仍然要首推《詩經》中的
〈國風〉和先秦諸子的散文。原始文字由記事、祭神變而為抒情、
說理，剛好是春秋戰國或略早的產物。它們以藝術的形式共同體
現了那個時代的理性精神。《詩經・國風》中的「民間」戀歌和氏
族貴族們的某些詠嘆，奠定了中國詩的基礎及其以抒情為主的基
本美學特徵：

　　泛彼柏舟，亦泛其流，耿耿不寐，如有隱憂。……我心匪石，
不可轉也；我心匪席，不可卷也；威儀棣棣，不可選也。憂心悄
悄，慍於群小，覯閔既多，受侮不少，靜言思之，寤辟有摽。（〈邶
風・柏舟〉）

　　彼黍離離，彼稷之苗，行邁靡靡，中心搖搖，知我者謂我心
憂，不知我者謂我何求，悠悠蒼天，此何人哉。（〈王風・黍離〉）

　　風雨淒淒，雞鳴喈喈，既見君子，云胡不夷？風雨瀟瀟，雞
鳴膠膠，既見君子，云胡不瘳？風雨如晦，雞鳴不已，既見君子，
云胡不喜？（〈鄭風・風雨〉）

　　蒹葭蒼蒼，白露為霜。所謂伊人，在水一方。溯洄從之，道

阻且長；溯流從之，宛在水中央。……（〈秦風‧蒹葭〉）

　　昔我往矣，楊柳依依。今我來思，雨雪霏霏。行道遲遲，載渴載飢。我心傷悲，莫知我哀。（〈小雅‧采薇〉）

　　雖然這些詩篇中所詠嘆、感喟、哀傷的具體事件或內容已很難知曉，但它們所傳達出來的那種或喜悅或沉痛的真摯情感和塑造出來的生動真實的藝術形象，那種一唱三嘆反覆回環的語言形式和委婉而悠長的深厚意味，不是至今仍然感人的麼？它們不同於其他民族的古代長篇敘事史詩，而是一開始就以這種雖短小卻深沉的實踐理性的抒情藝術感染著、激勵著人們。它們從具體藝術作品上體現了中國美學的民族特色。

　　也正是從《詩經》的這許多具體作品中，後人歸納出了所謂「賦、比、興」的美學原則，影響達兩千餘年之久。最著名、流行最廣的是朱熹對這一原則的解釋：「賦者，敷陳其事而直言之也。比者，以彼物比此物也。興者，先言他物以引起所詠之辭也。」（《詩經集傳》）古人和今人對此又有頗為繁多的說明。因為「賦」比較單純和清楚，便大都集中在比興問題的討論上。因為所謂「比興」與如何表現情感才能成為藝術這一根本問題有關。

　　中國文學（包括詩與散文）以抒情勝。然而並非情感的任何抒發表現都能成為藝術。主觀情感必須客觀化，必須與特定的想像、理解相結合統一，才能構成具有一定普遍必然性的藝術作品，產生相應的感染效果。所謂「比」「興」正是這種使情感與想像、理解相結合而得到客觀化的具體途徑。

　　《文心雕龍》說：「比者，附也；興者，起也」；「起情故興體以立，附理故比例以生」。鍾嶸《詩品》說：「言有盡而意無窮，興也；因物喻志，比也。」實際上，「比」「興」經常連在一起，很難絕對區分。「比興」都是通過外物、景象而抒發、寄托、表現、傳達情感和觀念（「情」、「志」），這樣才能使主觀情感與想像、理解（無論對比、正比、反比，其中就都包含一定的理解成分）結合聯繫在一起，而得到客觀化、對象化，構成既有理智不自覺地干預而又飽含情感的藝術形象。使外物景象不再是自在的事物自身，而染上一層情感色彩；情感也不再是個人主觀的情緒自身，而成為融合了一定理解、想像後的客觀形象。這樣，也就使文學形象既不是外界事物的直接模擬，也不是主觀情感的任意發洩，更不是只訴諸概念的理性認識；相反，它成為非概念所能窮盡，非認識所能囊括（「言有盡而意無窮」），具有情感感染力量的藝術形象和文學語言。王夫之說：「小雅鶴鳴之詩，全用比體，不道破一句。」（《薑齋詩話》）所謂「不道破一句」，一直是中國美學重要標準之一。司空圖《詩品》所謂「不著一字，盡得風流」，嚴羽《滄浪詩話》所謂「羚羊掛角，無跡可求」等等，都是指的這種非概念所能窮盡、非認識所能囊括的藝術審美特徵。這種特徵正是通過「比興」途徑將主觀情感與客觀景物合而為一的產物。《詩經》在這方面作出了最早的範例，從而成為百代不祧之祖。明代李東陽說：「詩有三義，賦止居一，而比興居其二。所謂比與興者，皆托物寓情而為之者也。蓋正言直述則易於窮盡而難於感發，惟有所寓托，形容模寫，反覆諷詠以俟人之自得，言有

盡而意無窮，則神爽飛動，手舞足蹈而不自覺，此詩之所以貴情思而輕事實也。」(《懷麓堂詩話》)

這比較集中而清楚地說明了「比興」對詩（藝術）的重要性所在，正在於它如上述是情感、想像、理解的綜合統一體，「托物寓情」、「神爽飛動」勝於「正言直述」，因為後者易流於概念性認識而言盡意盡。即使是對情感的「正言直述」，也常常可以成為一種概念認識而並不起感染作用。「啊，我多麼悲哀喲」，並不成其為詩，反而只是概念。直接表達情感也需要在「比興」中才能有審美效果。所以後代有所謂「以景結情」，所謂「以樂景寫哀，以哀景寫樂，一倍增其哀樂」(《薑齋詩話》)等等理論，就都是沿著這條線索（情感借景物而客觀化，情感包含理解、想像於其中）而來的。

可見，所謂「比興」應該從藝術創作的作品形象特徵方面予以美學上的原則闡明，而不能如古代注釋家們那樣去細分死摳。但是，在這種細分死摳中，有一種歷史意義而值得注意的，是漢代經師們把「比興」與各種社會政治和歷史事件聯繫起來的穿鑿附會。這種附會從兩漢唐宋到明清一直流傳。例如把《詩經》第一首〈關雎〉說成是什麼「后妃之德」等等，就是文藝思想較開明的朱熹也曾欣然同意。這種把藝術等同於政治謎語的搞法，當然是十足的主觀猜想和比附。但是這種搞法從總體上看，又有其一定的原因。這個原因是歷史性的。漢儒的這種穿鑿附會，是不自覺地反映了原始詩歌由巫史文化的宗教政治作品過渡為抒情性的文學作品這一重要的歷史事實。本來，所謂「詩言志」，實際上

即是「載道」[4] 和「記事」[5]，就是說，遠古的所謂「詩」本來
是一種氏族、部落、國家的歷史性、政治性、宗教性的文獻，並
非個人的抒情作品。很多材料說明，「詩」與「樂」本不可分，原
是用於祭神、慶功的，〈大雅〉和〈頌〉就仍有這種性質和痕跡。
但到〈國風〉時期，卻已是古代氏族社會解體、理性主義高漲、
文學藝術相繼從祭神禮制中解放出來和相對獨立的時代，它們也
就不再是宗教政治的記事、祭神等文獻，漢儒再用歷史事實等等
去附會它，就不對了。只有從先秦總的時代思潮來理解，才能真
正看出這種附會的客觀根源和歷史來由，從對這種附會的歷史理
解中，恰好可以看出文學（詩）從宗教、記事、政治文獻中解放
出來，而成為抒情藝術的真正面目。

　　關於「賦」，受到人們的注意和爭論較少。它指的是白描式的
記事、狀物、抒情、表意，特別是指前者。如果說，《詩經・國
風》從遠古記事、表意的宗教性的混沌複合體中分化出來，成為
抒情性的藝術，以「比興」為其創作方法和原則的話；那麼先秦
散文則在某種特定意義上，也可以說作為體現「賦」的原則，使
自己從這個複合體中分化解放出來，成為說理的工具。但是，這
些說理文字之中卻居然有一部分能構成為文學作品，又仍然是上
述情感規律在起作用的緣故。正是後者，使雖然缺乏足夠的形象
性的中國古代散文，由於具有所謂「氣勢」、「飄逸」等等審美素

---

4 參看朱自清《詩言志辨》。

5 參看蒙文通文，《學術月刊》1962 年第 8 期。

質，而成為後人長久欣賞、誦讀和模仿的範本。當然，有些片斷是有形象性的，例如《論語》、《孟子》、《莊子》中的某些場景、故事和寓言，《左傳》中的某些戰爭記述。但是，像孟、莊以至荀、韓以及《左傳》，它們之所以成為文學範本，卻大抵並不在其形象性。相反，是他們說理論證的風格氣勢，如孟文的浩蕩，莊文的奇詭，荀文的謹嚴，韓文的峻峭，才更是使其成為審美對象的原因。而所謂「浩蕩」、「奇詭」、「謹嚴」、「峻峭」云云者，不都是在遣詞造句的文字安排中，或包含或傳達出某種特定的情感、風貌或品格嗎？在這裡，仍然是情感性比形象性更使它們具有審美─藝術性能之所在。這也是中國藝術和文學（包括詩和散文）作品顯示得相當突出的民族特徵之一，與上節所說中國《樂記》不同於歐洲《詩學》在美學理論上的差異是完全合拍一致的。總之，在散文文學中，也仍然需要情感與理解、想像多種因素和心理功能的統一交融。只是與詩比起來，其理解因素更為突出罷了。

　　梁惠王曰，寡人願安承教。孟子對曰，殺人以梃與刃，有以異乎？曰，無以異也。曰，以刃與政，有以異乎，曰，無以異也。曰，庖有肥肉，廄有肥馬，民有飢色，野有餓莩，此率獸而食人也。獸相食，人且惡之，為民父母行政，不免於率獸而食人，惡在其為民父母也。（《孟子·梁惠王上》）

　　北冥有魚，其名為鯤。鯤之大，不知其幾千里也。化而為鳥，其名為鵬。鵬之背，不知其幾千里也。怒而飛，其翼若垂天之雲。（《莊子·逍遙遊》）

　　這裡都是在說理，說的或是政治之理（孟），或是哲學之理（莊）。但是，孟文以相當整齊的排比句法為形式，極力增強它的邏輯推理中的情感色彩和情感力量，從而使其說理具有一種不可阻擋的「氣勢」。莊文以奇特誇張的想像為主線，以散而整的句法為形式，使邏輯議論溶解在具體形象中而使其說理具有一種高舉遠慕式的「飄逸」。它們不都正是情感、理解、想像諸因素的不同比例的配合或結合麼，不正是由於充滿了豐富飽滿的情感和想像，而使其說理、辯論的文字終於成為散文文學的嗎？它們與前述中國詩歌的民族美學特徵不又仍是一脈相通的嗎？

（三）　建築藝術

　　如同詩文中的情感因素一樣，前面幾章已說，在造型藝術部類，線的因素體現著中國民族的審美特徵。線的藝術又恰好是與情感有關的。正如音樂一樣，它的重點也是在時間過程中展開。又如本章前節所說，這種情感抒發大都在理性的滲透、制約和控制下，表現出一種情感中的理性的美。所有這些特徵也在一定程度和意義上出現在以抽象的線條、體積為審美對象的建築藝術中，同樣展現出中國民族在審美上的某些基本特色。

　　從新石器時代的半坡遺址等處來看，方形或長方形的土木建

築體制便已開始，它終於成為中國後世主要建築形式。與世界許多古文明不同，不是石建築而是木建築成為中國一大特色，為什麼？似乎至今並無解答。在《詩經》等古代文獻中，有「如翬斯飛」、「作廟翼翼」之類的描寫，可見當時木建築已頗具規模，並且具有審美功能。從「翼翼」、「斯飛」來看，大概已有舒展如翼，四宇飛張的藝術效果。但是，對建築的審美要求達到真正高峰，則要到春秋戰國時期。這時隨著社會進入新階段，一股所謂「美輪美奐」的建築熱潮盛極一時地蔓延開來。不只是為避風雨而且追求使人讚嘆的華美，日益成為新興貴族們的一種重要需要和興趣所在。《左傳》、《國語》中便有好些記載，例如「美哉室，其誰有此乎」（《左傳‧昭公 26 年》），「臺美乎」（《國語‧晉語》）。《墨子‧非樂》說吳王夫差築姑蘇之臺十年不成，《左傳‧莊公 31 年》有春夏秋三季築臺的記述，《國語‧齊語》有齊襄公築臺的記述，如此等等。

這股建築熱潮大概到秦始皇併吞六國後大修阿房宮而達到最高點。據文獻記載，兩千餘年前的秦代宮殿建築是相當驚人的：

秦每破諸侯，寫放其宮室，作之咸陽北阪上，南臨渭，自雍門以東至涇、渭，殿屋複道周閣相屬。

始皇以為咸陽人多，先王之宮廷小，……乃營作朝宮渭南上林苑中。先作前殿阿房，東西五百步，南北五十丈，上可以坐萬人，下可以建五丈旗。周馳為閣道，自殿下直抵南山。表南山之巔以為闕。（《史記‧秦始皇本紀》）

從這種文字材料可以看出，中國建築最大限度地利用了木結構的可能和特點，一開始就不是以單一的獨立個別建築物為目標，而是以空間規模巨大、平面鋪開、相互連接和配合的群體建築為特徵的。它重視的是各個建築物之間的平面整體的有機安排。當年的地面建築已不可見，但地下始皇陵的規模格局也清晰地表明了這一點。從現在發掘的極為片斷的陵的前沿兵馬俑坑情況看，那整個場面簡直是不可思議的雄偉壯觀。從這些陶俑的身材狀貌直到建築材料（秦磚）的厚大堅實，也無不顯示出那難以想像的宏大氣魄。這完全可以與埃及金字塔相媲美。不同的是，它是平面展開的整體複雜結構，不是一座座獨立自足的向上堆起的比較單純的尖頂。

「百代皆沿秦制度」。建築亦然。它的體制、風貌大概始終沒有脫離先秦奠定下來的這個基礎規範。秦漢、唐宋、明清建築藝術基本保持了和延續著相當一致的美學風格。

這個藝術風格是什麼呢？簡單說來，仍是本章所講的作為中國民族特點的實踐理性精神。

首先，各民族主要建築多半是供養神的廟堂，如希臘神殿、伊斯蘭建築、哥特式教堂等等。中國主要大都是宮殿建築，即供世上活著的君主們所居住的場所，大概從新石器時代的所謂「大房子」開始，中國的祭拜神靈即在與現實生活緊相聯繫的世間居住的中心，而不在脫離世俗生活的特別場所。自儒學替代宗教之後，在觀念、情感和儀式中，更進一步發展貫徹了這種神人同在的傾向。於是，不是孤立的、擺脫世俗生活、象徵超越人間的出

世的宗教建築，而是入世的、與世間生活環境聯在一起的宮殿宗
廟建築，成了中國建築的代表。從而，不是高聳入雲、指向神祕
的上蒼觀念，而是平面鋪開、引向現實的人間聯想；不是可以使
人產生某種恐懼感的異常空曠的內部空間，而是平易的、非常接
近日常生活的內部空間組合；不是陰冷的石頭，而是暖和的木質，
等等，構成中國建築的藝術特徵。在中國建築的空間意識中，不
是去獲得某種神祕、緊張的靈感、悔悟或激情，而是提供某種明
確、實用的觀念情調。正和中國繪畫理論所說，山水畫有「可望」
「可游」「可居」種種，但「可游」「可居」勝過「可望」「可行」
（參看本書〈宋元山水意境〉）。中國建築也同樣體現了這一精神。
即是說，它不重在強烈的刺激或認識，而重在生活情調的感染薰
陶，它不是一禮拜才去一次的靈魂洗滌之處，而是能夠經常瞻仰
或居住的生活場所。在這裡，建築的平面鋪開的有機群體，實際
已把空間意識轉化為時間進程，就是說，不是像哥特式教堂那樣，
人們突然一下被拐進一個巨大幽閉的空間中，感到渺小恐懼而祈
求上帝的保護。相反，中國建築的平面縱深空間，使人慢慢遊歷
在一個複雜多樣樓臺亭閣的不斷進程中，感受到生活的安適和對
環境的和諧。瞬間直觀把握的巨大空間感受，在這裡變成長久漫
遊的時間歷程。實用的、入世的、理智的、歷史的因素在這裡占
著明顯的優勢，從而排斥了反理性的迷狂意識。正是這種意識構
成許多宗教建築的審美基本特徵。

　　中國的這種理性精神還表現在建築物嚴格對稱結構上，以展
現嚴肅、方正、井井有條（理性）。所以，就單個建築來說，比起

基督教、伊斯蘭教和佛教建築來，它確乎相對低矮，比較平淡，應該承認遜色一籌。但就整體建築群說，它卻結構方正，逶迤交錯，氣勢雄渾。它不是以單個建築物的體狀形貌，而是以整體建築群的結構布局、制約配合而取勝。非常簡單的基本單位卻組成了複雜的群體結構，形成在嚴格對稱中仍有變化，在多樣變化中又保持統一的風貌。即使像萬里長城，雖然不可能有任何嚴格對稱之可言，但它的每段體制則是完全雷同的。它盤纏萬里，雖不算高大卻連綿於群山峻嶺之巔，像一條無盡的龍蛇在作永恆的飛舞。它在空間上的連續本身即展示了時間中的綿延，成了我們民族的偉大活力的象徵。

　　這種本質上是時間進程的流動美，在個體建築物的空間形式上，也同樣表現出來，這方面又顯出線的藝術特徵，因為它是通過線來做到這一點的。中國木結構建築的屋頂形狀和裝飾，占有重要地位，屋頂的曲線，向上微翹的飛簷（漢以後），使這個本應是異常沉重的往下壓的大帽，反而隨著線的曲折，顯出向上挺舉的飛動輕快，配以寬厚的正身和闊大的臺基，使整個建築安定踏實而毫無頭重腳輕之感，體現出一種情理協調、舒適實用、有鮮明節奏感的效果，而不同於歐洲或伊斯蘭以及印度建築。就是由印度傳來的宗教性質的寶塔，正如同傳來的雕塑壁畫一樣（參看本書〈佛陀世容〉），也終於中國化了。它不再是體積的任意堆積而繁複重累，也不是垂直一線上下同大，而表現為一級一級的異常明朗的數學整數式的節奏美。這使它便大不同於例如吳哥寺那種繁複堆積的美。如果拿相距不遠的西安大小雁塔來比，就可以

發現，大雁塔更典型地表現出中國式的寶塔的美。那節奏異常單純而分明的層次，那每個層次之間的疏朗的、明顯的差異比例，與小雁塔各層次之間的差距小而近，上下渾如一體，不大相同。後者儘管也中國化了，但比較起來，恐怕更接近於異域的原本情調吧。同樣，如果拿 1968 年在北京發現的元代城門和人們熟悉的明代城門來比，這種民族建築的藝術特徵也很明顯。元代城門以其厚度薄而傾斜度略大的形象，便自然具有某種異國風味，例如它似乎有點近於伊斯蘭的城門。明代城門和城牆（特別像南京城的城牆）則相反，它厚實直立而更顯雄渾。儘管這些都已是後代的發展，但基本線索仍要追溯到先秦理性精神。

也由於是世間生活的宮殿建築，供享受遊樂而不只供崇拜頂禮之用，從先秦起，中國建築便充滿了各種供人自由玩賞的精細的美術作品（繪畫、雕塑）。《論語》中有「山節藻梲」，「朽木不可雕也」，從漢賦中也可以看出當時建築中繪畫雕刻的繁富。斗栱、飛檐的講究，門、窗形式的自由和多樣，鮮豔色彩的極力追求，「金鋪玉戶」、「重軒鏤檻」、「雕梁畫棟」，是對它們的形容描述。延續到近代，也仍然如此。

「庭院深深深幾許」。大概隨著晚期封建社會中經濟生活和意識形態的變化，園林藝術日益發展。顯示威嚴莊重的宮殿建築的嚴格的對稱性被打破，迂迴曲折、趣味盎然、以模擬和接近自然山林為目標的建築美出現了。空間有暢通，有阻隔，變化無常，出人意料，可以引動更多的想像和情感，「山重水複疑無路，柳暗花明又一村」。這種仍然是以整體有機布局為特點的園林建築，卻

表現著封建後期文人士大夫們更為自由的藝術觀念和審美理想。與山水畫的興起（參看〈宋元山水意境〉）大有關係，它希求人間的環境與自然界更進一步的聯繫，它追求人為的場所自然化，盡可能與自然合為一體。它通過各種巧妙的「借景」、「虛實」的種種方式、技巧，使建築群與自然山水的美溝通匯合起來，而形成一個更為自由也更為開闊的有機整體的美。連遠方的山水也似乎被收進在這人為的布局中，山光、雲樹、帆影、江波都可以收入建築之中，更不用說其中真實的小橋、流水、「稻香村」了。它們的浪漫風味更濃了。但在中國古代文藝中，浪漫主義始終沒有太多越出古典理性的範圍，在建築中，它們也仍然沒有離開平面鋪展的理性精神的基本線索，仍然是把空間意識轉化為時間過程；渲染表達的仍然是現實世間的生活意緒，而不是超越現實的宗教神祕。實際上，它是以玩賞的自由園林（道）來補足居住的整齊屋宇（儒）罷了。

四、楚漢浪漫主義

 屈騷傳統

當理性精神在北中國節節勝利，從孔子到荀子，從名家到法家，從銅器到建築，從詩歌到散文，都逐漸擺脫巫術宗教的束縛，突破禮儀舊制的時候，南中國由於原始氏族社會結構有更多的保留和殘存，便依舊強有力地保持和發展著絢爛鮮麗的遠古傳統。從《楚辭》到《山海經》[1]，從莊周到「寬柔以教不報無道」的「南方之強」，在意識形態各領域，仍然瀰漫在一片奇異想像和熾烈情感的圖騰─神話世界之中。表現在文藝審美領域，這就是以屈原為代表的楚文化。

屈原是中國最早、最偉大的詩人。他「衣被詞人，非一代也」（《文心雕龍》）。一個人對後世文藝起了這麼深遠的影響，確乎罕見。所以如此，正由於屈原的作品（包括歸於他名下的作品）集中代表了一種根柢深沉的文化體系。這就是上面講的充滿浪漫激情、保留著遠古傳統的南方神話─巫術的文化體系。儒家在北中國把遠古傳統和神話、巫術逐一理性化，把神人化，把奇異傳說

---

1 《山海經》為南方產品，採蒙文通說。並參看顧頡剛近作〈莊子和楚辭中昆侖和蓬萊兩個神話系統的融合〉，《中華文史論叢》1979 年第 2 期，總第 10 輯。

化為君臣父子的世間秩序。例如「黃帝四面」(四面臉) 被解釋為派四個大臣去「治四方」，黃帝活三百年說成是三百年的影響，如此等等。在被孔子刪定的《詩經》中，再也看不見這種「怪力亂神」的蹤跡。然而，這種蹤跡卻非常活潑地保存在以屈原為代表的南國文化中。

在基本可以肯定是屈原的主要作品〈離騷〉中，你看，那是多麼既鮮豔又深沉的想像和情感的繽紛世界啊。美人香草，百畝芝蘭，荂荷芙蓉，芳澤衣裳，望舒飛廉，巫咸夕降，流沙毒水，八龍婉婉，……而且：

　　忽反顧以游目兮，將往觀乎四荒；佩繽紛其繁飾兮，芳霏霏其彌章。民生各有所樂兮，余獨好修以為常。雖體解吾猶未變兮，豈余心之可懲。

　　朝發軔於蒼梧兮，夕余至乎縣圃，欲少留此靈瑣兮，日忽忽其將暮。吾令羲和弭節兮，望崦嵫而勿迫。路曼曼其修遠兮，吾將上下而求索。

在充滿了神話想像的自然環境裡，主人翁卻是這樣一位執著、頑強、憂傷、怨艾、憤世嫉俗、不容於時的真理的追求者。〈離騷〉把最為生動鮮豔、只有在原始神話中才能出現的那種無羈而多義的浪漫想像，與最為熾熱深沉、只有在理性覺醒時刻才能有的個體人格和情操，最完滿地溶化成了有機整體。由是，它開創了中國抒情詩的真正光輝的起點和無可比擬的典範。兩千年來，

能夠在藝術水平上與之相比配的，可能只有散文文學《紅樓夢》。

傳說為屈原作品的〈天問〉，則大概是保留遠古神話傳統最多而又系統的文學篇章。它表現了當時時代意識因理性的覺醒正在由神話向歷史過渡。神話和歷史作為連續的疑問系列在〈天問〉中被提了出來，並包裹在豐富的情感和想像的層層交織中。「焉有石林，何獸能言？焉有虬龍，負熊以游？雄虺九首，儵忽焉在？何所不死，長人何守？」（〈天問〉）〈離騷〉、〈天問〉和整個《楚辭》的〈九歌〉、〈九章〉以及〈九辯〉、〈招魂〉、〈大招〉……，構成了一個相當突出的南方文化的浪漫體系。實質上，它們是原始楚地的祭神歌舞的延續。漢代王逸《楚辭章句》解釋〈九歌〉時說：「昔楚國南郢之邑，沅湘之間，其俗信鬼而好祠，其祠必作歌樂鼓舞以樂諸神，……因為作九歌之曲。」清楚說明了這一事實。王夫之解釋〈九辯〉時說：「辯，猶遍也。一闋謂之一遍。亦效夏啟九辯之名，紹古體為新裁。可以被之管弦。其詞激宕淋漓，異於風雅，蓋楚聲也。後世賦體之興，皆祖於此。」這段話也很重要，它點明了好幾個關鍵問題。第一，它指出楚辭是「紹古體」，並且「古」到夏初去了，足見源遠流長，其來有自，確乎是遠古氏族社會的遺風延續和模擬。第二，它可以「被之管弦」，本是可歌可舞的。近人考證也都認為，像〈九歌〉等，很明顯是一種有關巫術禮儀的祭神歌舞和音樂。所以它是集體的活動而非個人的創作。第三，「其詞激宕淋漓，異於風雅」，亦即感情的抒發爽快淋漓，形象想像豐富奇異，還沒受到嚴格束縛，尚未承受儒家實踐理性的洗禮，從而不像所謂「詩教」之類有那麼多的道德

規範和理智約束。相反，原始的活力、狂放的意緒、無羈的想像在這裡表現得更為自由和充分。第四，也是最重要的，它是漢代賦體文學的祖宗。

其實，漢文化就是楚文化，楚漢不可分。儘管在政治、經濟、法律等制度方面，「漢承秦制」，劉漢王朝基本上是承襲了秦代體制。但是，在意識形態的某些方面，又特別是在文學藝術領域，漢卻依然保持了南楚故地的鄉土本色。漢起於楚，劉邦、項羽的基本隊伍和核心成員大都來自楚國地區。項羽被圍，「四面皆楚歌」；劉邦衣錦還鄉唱〈大風〉；西漢宮廷中始終是楚聲作主導，都說明這一點。楚漢文化（至少在文藝方面）一脈相承，在內容和形式上都有其明顯的繼承性和連續性，而不同於先秦北國。楚漢浪漫主義是繼先秦理性精神之後，並與它相輔相成的中國古代又一偉大藝術傳統。它是主宰兩漢藝術的美學思潮。不了解這一關鍵，很難真正闡明兩漢藝術的根本特徵。

如果與《詩經》或先秦散文（莊子當然除外，莊子屬南方文化體系，屈原有〈遠遊〉，莊則有〈逍遙遊〉，屈莊近似之處早被公認）一相比較，兩漢（又特別是西漢）藝術的這種不同風貌便很明顯。在漢代藝術和人們觀念中瀰漫的，恰恰是從遠古傳留下來的種種神話和故事，它們幾乎成了當時不可缺少的主題或題材，具有極大的吸引力。伏羲女媧的蛇身人首，西王母、東王公的傳說和形象，雙臂化為兩翼的不死仙人王子喬，以及各種奇禽怪獸、赤兔金鳥、獅虎猛龍、大象巨龜、豬頭魚尾……，各各有其深層的喻意和神祕的象徵。它們並不是以表面的動物世界的形象，相

反，而是以動物為符號或象徵的神話─巫術世界來作為藝術內容和審美對象的。從世上廟堂到地下宮殿，從南方的馬王堆帛畫到北國的卜千秋墓室，西漢藝術展示給我們的，恰恰就是《楚辭》、《山海經》裡的種種。天上、人間和地下在這裡連成一氣，混而不分。你看那馬王堆帛畫：龍蛇九日，鴟鳥飛鳴，巨人托頂，主僕虔誠……，你看那卜千秋墓室壁畫：女媧蛇身，面容姣好，豬頭趕鬼[2]，神魔吃魃[3]，怪人怪獸，充滿廊壁……。它們明顯地與《楚辭》中〈遠遊〉、〈招魂〉等篇章中的形象和氣氛相關。這是一個人神雜處、寥廓荒忽、怪誕奇異、猛獸眾多的世界。請看《楚辭》中的〈招魂〉：

　　魂兮歸來，東方不可以托些。長人千仞，唯魂是索些。十日代出，流金鑠石些。
　　魂兮歸來，南方不可以止些。……蝮蛇蓁蓁，封狐千里些。雄虺九首，往來倏忽，吞人以益其心些。
　　魂兮歸來，西方之害，流沙千里些。旋入雷淵，爢散而不可止些。
　　魂兮歸來，北方不可以止些。增冰峨峨，飛雪千里些。
　　魂兮歸來，君無上天些。虎豹九關，啄害下人些。一夫九首，

---

2 採孫作雲說。見孫作雲〈洛陽西漢卜千秋墓室壁畫考釋〉，《文物》1977年第6期。
3 同上。

拔木九千些。豺狼從目，往來侁侁些。

　　魂兮歸來，君無下此幽都些。土伯九約，其角觺觺些。敦脄血拇，逐人駓駓些。參目虎首，其身若牛些。

　　這裡著意描繪的是一個惡獸傷人、不可停留的恐怖世界。在馬王堆帛畫、卜千秋墓室壁畫中所著意描繪的，可能更是一個登仙祝福、祈求保護的肯定世界。它們共同地屬於那充滿了幻想、神話、巫術觀念，充滿了奇禽異獸和神祕的符號、象徵的浪漫世界。它們把遠古傳統的原始活力和野性延續下來了。

　　從西漢到東漢，經歷了漢武帝「罷黜百家，獨崇儒術」的意識形態的嚴重變革。以儒學為標誌、以歷史經驗為內容的先秦理性精神也日漸濡染侵入文藝領域和人們觀念中，逐漸融成南北文化的混同合作。楚地的神話幻想與北國的歷史故事，儒學宣揚的道德節操與道家傳播的荒忽之談，交織陳列，並行不悖地浮動、混合和出現在人們的意識觀念和藝術世界中。生者、死者、仙人、鬼魅、歷史人物、現世圖景和神話幻想同時並陳，原始圖騰、儒家教義和讖緯迷信共置一處……。從而，這裡仍然是一個想像混沌而豐富、情感熱烈而粗豪的浪漫世界。

　　下面是幾塊（東）漢畫像石的圖景：

　　「第一層刻的是：伏羲、女媧、祝融、神農、顓頊、高辛、帝堯、帝舜、夏禹、夏桀。

　　第二層刻的是：孝子曾參、閔子騫、老萊子和丁蘭的故事。

……

　　第三層刻的是刺客曹沫、專諸的故事。……

　　第四層刻的是車馬人物。」[4]

　　「畫分四層；第一層是諸神騎著有翼的龍在雲中飛行。第二層自左而右，口中噓氣的是風伯，坐在車上擊鼓的是雷公，抱著瓮瓶的是雨師，兩個龍頭下垂的環形是虹霓，虹上面拿著鞭子的是電女，虹下面拿著錘鑿的是雷神擊人。……第三層有七個人拿著兵器和農具在對幾個怪獸作鬥爭。第四層是許多人在捕捉虎、熊、野牛等，……」[5]

　　比起馬王堆帛畫來，原始神話畢竟在相對地褪色。人世、歷史和現實愈益占據重要的畫面位置。這是社會發展文明進步的必然結果。但是，蘊藏著原始活力的傳統浪漫幻想，卻始終沒有離開漢代藝術。相反，它們乃是楚漢藝術的靈魂。這一點不但表現在「琳琅滿目的世界」的主題內容上，而且也表現在運動、氣勢和古拙的藝術風格上。

---

4 常任俠：《漢代繪畫選集》，第2～3頁。

5 對雷公等解釋疑有誤，此處不辨。

琳琅滿目的世界

　　儘管儒家和經學在漢代盛行，「厚人倫，美教化」，「懲惡揚善」被規定為從文學到繪畫的廣大藝術領域的現實功利職責，但漢代藝術的特點卻恰恰是，它並沒有受這種儒家狹隘的功利信條的束縛。剛好相反，它通過神話跟歷史、現實和神、人與獸同臺演出的豐滿的形象畫面，極有氣魄地展示了一個五彩繽紛、琳琅滿目的世界。這個世界是有意或無意地作為人的本質的對象化，作為人的有機或非有機的軀體而表現著的。它是人對客觀世界的征服，這才是漢代藝術的真正主題。

　　首先，你看那神仙世界。它很不同於後代六朝時期的佛教迷狂（參看本書〈佛陀世容〉）。這裡沒有苦難的呻吟，而是愉快的渴望，是對生前死後都有永恆幸福的祈求。它所企慕的是長生不死，羽化登仙。從秦皇漢武多次派人尋仙和求不死之藥以來，這個歷史時期的人們並沒有捨棄或否定現實人生的觀念（如後代佛教）。相反，而是希求這個人生能夠永恆延續，是對它的全面肯定和愛戀。所以，這裡的神仙世界就不是與現實苦難相對峙的難及的彼岸，而是好像就存在於與現實人間相距不遠的此岸之中。也由於此，人神雜處，人首蛇身（伏羲、女媧），豹尾虎齒（《山海經》中的西王母形象）的原始神話與真實的歷史故事、現實人物

之紛然一堂,同時並在,就並不奇怪。這是一個古代風味的浪漫王國。

　　但是,漢代藝術中的神仙觀念又畢竟不同於遠古圖騰,也區別於青銅饕餮,它們不再具有在現實中的威嚇權勢,毋寧帶著更濃厚的主觀願望的色彩。即是說,這個神仙世界已不是原始藝術中那種具有現實作用的力量,毋寧只具有想像意願的力量。人的世界與神的世界不是在現實中而是在想像中,不是在理論思維中而是在藝術幻想中,保持著直接的交往和複雜的聯繫。原始藝術中的夢境與現實不可分割的人神同一,變而為情感、意願在這個想像的世界裡得到同一。它不是如原始藝術請神靈來威嚇、支配人間,而毋寧是人們要到天上去參與和分享神的快樂。漢代藝術的題材、圖景儘管有些是如此荒誕不經,迷信至極,但其藝術風格和美學基調既不恐怖威嚇,也不消沉頹廢,毋寧是愉快、樂觀、積極和開朗的。人間生活的興趣不但沒有因嚮往神仙世界而零落凋謝,相反,是更為生意盎然,生機蓬勃,使天上也充滿人間的樂趣,使這個神的世界也那麼稚氣天真。它不是神對人的征服,毋寧是人對神的征服。神在這裡還沒有作為異己的對象和力量,毋寧是人的直接伸延。

　　其次,與嚮往神仙相交織並列,是對現實世間的津津玩味和充分肯定。它一方面通過宣揚儒家教義和歷史故事——表彰孝子、義士、聖君、賢相表現出來,另方面更通過對世俗生活和自然環境的多種描繪表現出來。如果說,神仙幻想是主體,那麼它們便構成了漢代藝術的雙翼。漢石刻中,歷史故事非常之多。例如,

「周公輔成王」、「荊軻刺秦王」、「聶政刺韓相」、「管仲射桓公」、
「狗咬趙盾」、「藺相如完璧歸趙」、「侯贏朱亥劫魏帥」、「高祖斬
蛇」、「鴻門宴」……，各種歷史人物，從孔子到老萊子，從義士
到烈女，從遠古歷史到漢代人物，無不品類齊全，應有盡有。其
中，激情性、戲劇性的行為、人物和場景（例如行刺），更是興趣
和意念所在。儘管道德說教、儒學信條已浸入畫廊，也仍然難以
掩蓋那股根柢深厚異常充沛的浪漫激情。

　　與歷史故事在時間上的回顧相對映，是世俗生活在空間上的
展開。那更是一幅幅極為繁多具體的現實圖景。以最為著名的山
東（武梁祠）、河南（南陽）、四川（成都）三處出土的漢畫像石、
畫像磚為例：

　　山東：關於現實生活的有宴樂、百戲、起居、庖廚、出行、
狩獵以及戰事之類，於是弄蛇角觝之戲，儀仗車馬之盛，物會大
典，生活瑣事，一切文物制度都一一擺在我們眼前了[6]。

　　圖中描寫了步戰、騎戰、車戰和水戰的各種情況。戰鬥中使
用了弓矢、弩機、矛盾、干戈、劍戟等兵器。

　　……左半部下兩層描寫的是車騎和庖廚。上層描寫的是舞樂
生活。圖中有男有女、有人彈琴、有人吹壎、有人吹簫，還有人
在表演著雜技。

　　表現冶鐵的勞動過程。自左而右，首先是熔冶，接著是錘鑿，

---

6 李浴：《中國美術史綱》，人民美術出版社，1957 年，第 66～67 頁。

工人們緊張地集體工作著（按：實即奴隸勞動）。

在叢林中野獸很多，農父們都在辛勤地墾荒。……一個人引牛、一個人扶犁，還有一個人正在執鞭呼喝著[7]。

河南：一、投壺圖像，二、男女帶袂儒舞，三、劍舞，四、像人或角觝，五、樂舞交作圖像[8]。

四川：……又一方磚，上下分為兩圖，上圖二人坐水塘岸上，彎腰張弓襯著水中驚飛起來的水鳥，有些鳥在水中作張翅欲飛之狀，……水中的魚和蓮花以及岸上的枯樹等，整個畫面形成了一個完整而統一的整體。方磚的下圖是一個農事的場面……[9]。

又如新近發現的山東嘉祥畫像石：

第一石：縱73、橫68厘米。畫分四層。

第一層，分上下兩部分，正中坐者為東王公，他的兩側各有一組肩有雙翅的羽人。左側一人面鳥身像，從下右石西王母之左有蟾蜍、玉兔之像的對應關係來看，似為日中之鳥。

---

7 常任俠：《漢代繪畫選集》，第4、5頁。

8 滕固：《南陽漢墓畫像石刻之歷史及風格之考察》，轉引自李浴書，第61頁。

9 李浴：《中國美術史綱》，第63頁。

第二層，分左、右兩側。左側一組三人，中間一人撫琴。右側一組亦三人，中間一人踏鼓而擊，其餘二人在舞蹈。

第三層，左邊是一個兩火眼灶，斜煙突，灶上放甑、釜，一男子跪坐在灶前燒火。灶旁懸掛豬腿、豬頭、魚、剝好的雞、兔等。二男子持刀操作，下方有一婦女在洗刷。右方有一井，井旁一具桔槔，一女子正在汲水。桔槔立杆上懸掛一隻狗（？），一男子持刀剝皮。全幅為庖廚供膳圖。

第四層，前邊是二騎者。後面有一輛曲轅軺車，上坐二人，車前一題榜，無字。

第四石：縱69、橫67厘米。畫面只有三層。

上層，西王母頭戴華勝，憑几而坐，神座下象徵昆侖山峰。右方一裸體羽人，手舉曲柄傘蓋，西王母左右又有五個手持朱草的羽人，下方還有玉兔拿杵搗臼、蟾蜍捧盒、雞首羽人持杯進玉泉等圖像。

中層，似為眾臣上朝之圖。左方刻一個單層殿堂，王者面門而坐，柱外一人跪謁。殿堂前有一個斜梯，梯前一人荷物赤足登梯，身後相隨一童；其後又有三人，一人亦有一兒童跟隨。

下層右方一輛單馬軺車，曲輈，上面是二人立乘。車前一個荷戟（？），持管而吹，再前面是一騎吏。

第五石：縱74、橫68厘米。畫分四層。

第一層，類似第一石的同層畫面，但東王公左側羽人手持三珠樹。右側一人面鳥身者，手持一針狀物。似為一長髮人作針灸狀，或似扁鵲針治一事。

第二層，是孔子見老子的畫像。老子在左邊，手中拄一根彎頭手杖，身後一隨從。其前為一兒童，一手推一小車輪，舉左手，面向孔子，應是項橐。孔子站在項橐和老子對面躬身問禮，抬起的雙袖上，飾兩個鳥頭。孔子身後所隨四人，應是顏回、子路等。

第三層，亦如第一石同層，為庖廚汲水圖像。但井上不設桔槔，而裝一轆轤，與第六石第三層井臺汲水情況不同。

第四層，右方一軺車已停，車上只留御者一人。車前方一騎者抱錦囊，騎者前一人頭戴進賢冠，躬身持板，疑即軺車主人。在他前面又有一坐在地上的女子[10]。

這不正是一個琳琅滿目的世界麼？從幻想的神話中仙人們的世界，到現實人間的貴族們的享樂觀賞的世界，到社會下層的勞動者艱苦耕作的世界。從天上到地下，從歷史到現實，各種對象、各種事物、各種場景、各種生活，都被漢代藝術所注意，所描繪，所欣賞。上層的求仙、祭祀、宴樂、起居、出行、狩獵、儀仗、車馬、建築以及辟鬼、禳災、庖廚等等。下層的收割、冶煉、屠宰、打柴、舂米、扛鼎、舞刀、走索、百戲等等。各種動物對象——從經人們馴服飼養的豬、牛、狗、馬，到人所獵取捕獲的雁、魚、虎、鹿等等，各種人獸戰鬥、獸獸格鬥，如「持矛刺虎」、「虎熊相鬥」、「虎吃大牛」等等。如果再聯繫上面講的神話——歷史故事，幻想的龍鳳圖騰……，這不正是一個馬馳牛走、鳥飛

10　〈山東嘉祥宋山發現漢畫像石〉，《文物》1979 年第 9 期。

魚躍、獅奔虎嘯、鳳舞龍潛、人神雜陳、百物交錯，一個極為豐富、飽滿、充滿著非凡活力和旺盛生命而異常熱鬧的世界麼？

　　黑格爾《美學》曾說十七世紀荷蘭小畫派對現實生活中的各種場景和細節——例如一些很普通的房間、器皿、人物等等作那樣津津玩味的精心描述，表現了荷蘭人民對自己日常生活的熱情和愛戀，對自己征服自然（海洋）的鬥爭的肯定和歌頌，因之在平凡中有偉大。漢代藝術對現實生活中多種多樣的場合、情景、人物、對象甚至許多很一般的東西，諸如穀倉、火灶、豬圈、雞舍等等，也如此大量地、嚴肅認真地塑造刻畫，儘管有的是作明器之用以服務於死者，也仍然反射出一種積極的對世間生活的全面關注和肯定。只有對世間生活懷有熱情和肯定，並希望這種生活繼續延續和保存，才可能使其藝術對現實的一切懷有極大興趣去描繪、去欣賞、去表現，使它們一無遺漏地、全面地、豐滿地展示出來。漢代藝術中如此豐富眾多的題材和對象，在後世就難以再看到。正如荷蘭小畫派對日常世俗生活的玩味意味著對自己征服大海的現實存在的肯定一樣，漢代藝術的這種豐富生活場景也同樣意味著對自己征服世界的社會生存的歌頌。比起荷蘭小畫派來，它們的力量、氣魄、價值和主題要遠為宏偉巨大。這是一個幅員廣大、人口眾多、第一次得到高度集中統一的中華帝國的繁榮時期的藝術。遼闊的現實圖景、悠久的歷史傳統、邈遠的神話幻想的結合，在一個琳琅滿目五色斑斕的形象系列中，強有力地表現了人對物質世界和自然對象的征服主題。這就是漢代藝術的特徵本色。

畫像石（或磚）已經沒有顏色，但在當時的建築、雕塑、壁畫上，卻都是五彩斑斕的。今天不斷發現的漢墓壁畫和陶俑證實了這一點。後漢王延壽的〈魯靈光殿賦〉描述當時地面建築的雕塑繪畫說：「奔虎攫拏」，「虬龍騰驤」，「朱鳥舒翼」，「白鹿子蜺」，「神仙岳岳」，「玉女闚窗」，「圖畫天地，品類群生，雜物奇怪，山神海靈」。「五龍比翼，人皇九頭，伏羲鱗身，女媧蛇軀」。「黃帝唐虞，軒冕以庸」，「忠臣孝子，烈士貞女，賢愚成敗，靡不載敘」。

這不仍是上面所說的神話－歷史－現實三混合的真正五彩浪漫的藝術世界麼？

與這種藝術相平行的文學，便是漢賦。它雖從楚辭脫胎而來，然而「不歌而誦謂之賦」，卻已是脫離原始歌舞的純文學作品了。被後代視為類書、字典、味同嚼蠟的這些皇皇大賦，其特徵也恰好是上述那同一時代精神的體現。「賦體物而瀏亮」，從〈子虛〉、〈上林〉（西漢）到〈兩都〉、〈兩京〉（東漢），都是狀貌寫景，鋪陳百事，「苞括宇宙，總覽人物」的。儘管有所謂「諷喻勸戒」，其實作品的主要內容和目的仍在極力誇揚、盡量鋪陳天上人間的各類事物，其中又特別是現實生活中的各種環境事物和物質對象：山如何，水如何，樹木如何，鳥獸如何，城市如何，宮殿如何，美女如何，衣飾如何，百業如何，……充滿了漢賦的不都是這種鋪張描述麼：

建金城而萬雉，呀周池而成淵，披三條之廣路，立十二之通

門。內則街衢洞達，閭閻且千，九市開場，貨別隧分。人不得顧，車不得旋。闐城溢郭，旁流百廛，紅塵四合，煙雲相連。於是既庶且富，娛樂無疆，都人士女，殊異於五方，游士擬於公侯，列肆侈於姬姜。……

　　下有鄭白之沃，衣食之源，提封五萬，疆場綺分，溝塍刻鏤，原隰龍鱗。決渠降雨，荷插成雲。五穀垂穎，桑麻鋪棻。東郊則有通溝大漕，潰渭洞河，泛舟山東，控引淮湖，與海通波。西郊則有上囿禁苑，林麓藪澤，陂池連乎蜀漢，繚以周牆，四百餘里。離宮別館，三十六所。神池靈沼，往往而在。其中乃有九真之麟，大宛之馬，黃支之犀，條枝之鳥。踰昆侖，越巨海，殊方異類，至於三萬里。（班固：《兩都賦》）

　　文學沒有畫面限制，可以描述更大更多的東西。壯麗山川、巍峨宮殿、遼闊土地，萬千生民，都可置於筆下，漢賦正是這樣。儘管是那樣堆砌、重複、拙笨、呆板，但是江山的宏偉、城市的繁盛、商業的發達、物產的豐饒、宮殿的巍峨、服飾的奢侈、鳥獸的奇異、人物的氣派、狩獵的驚險、歌舞的歡快……，在賦中無不刻意描寫，著意誇揚。這與上述畫像石、壁畫等等的藝術精神不正是完全一致的麼？它們所力圖展示的，不仍然是這樣一個繁榮富強、充滿活力、自信和對現實具有濃厚興趣、關注和愛好的世界圖景麼？儘管呆板堆砌，但它在描述領域、範圍、對象的廣度上，卻確乎為後代文藝所再未達到。它表明中華民族進入發達的文明社會後，對世界的直接征服和勝利，這種勝利使文學和

藝術也不斷要求全面地肯定、歌頌和玩味自己存在的自然環境、山岳江川、宮殿房屋、百土百物以至各種動物對象。所有這些對象都作為人的生活的直接或間接的對象化存在於藝術中。人這時不是在其自身的精神世界中，而完全溶化在外在生活和環境世界中，在這種琳琅滿目的對象化的世界中。漢代文藝儘管粗重拙笨，卻如此之心胸開闊，氣派雄沉，其根本道理就在這裡。漢代造型藝術應從這個角度去欣賞。漢賦也應從這個角度去理解，才能正確估計它作為一代文學正宗的意義和價值所在。

與漢賦、畫像石、壁畫同樣體現了這一時代精神而保存下來的，是漢代極端精美並且可說空前絕後的各種工藝品。包括漆器、銅鏡、織錦等等。所以說它們空前絕後，是因為它們在造型、紋樣、技巧和意境上，都在中國歷史上無與倫比，包括後來唐、宋、明、清的工藝也無法與之抗衡（瓷器、木家具除外）。所以能如此，乃由於它們是戰國以來到西漢已完全成熟、處於頂峰狀態中的工匠集體手工業（世代相襲，不計時間、工力，故技藝極高）的成果所致。像馬王堆出土的織錦和不到一兩重的紗衫，像河北出土的企圖保持屍體不朽的金縷玉衣，像舉世聞名的漢鏡和光澤如新的漆器，其工藝水平都不是後代官營或家庭手工業所能達到或仿效，這正如後世不再可能建造埃及金字塔那樣的工程一樣。作為世代奴隸的巨大勞動的產物，它們留下來的是使後人瞠目結舌的驚嘆。漢代工藝品正是那個琳琅滿目的世界的具體而微的顯現，是在眾多、繁雜的對象上展現出來的人間力量和對物質世界的直接征服和巨大勝利。

（三）　氣勢與古拙

　　人對世界的征服和琳琅滿目的對象，表現在具體形象、圖景和意境上，則是力量、運動和速度，它們構成漢代藝術的氣勢與古拙的基本美學風貌。

　　你看那彎弓射鳥的畫像磚，你看那長袖善舞的陶俑，你看那奔馳的馬，你看那說書的人，你看那刺秦王的圖景，你看那車馬戰鬥的情節，你看那卜千秋墓壁畫中的人神動物的行進行列，……這裡統統沒有細節，沒有修飾，沒有個性表達，也沒有主觀抒情。相反，突出的是高度誇張的形體姿態，是手舞足蹈的大動作，是異常單純簡潔的整體形象。這是一種粗線條粗輪廓的圖景形象，然而，整個漢代藝術生命也就在這裡。就在這不事細節修飾的誇張姿態和大型動作中，就在這種粗輪廓的整體形象的飛揚流動中，表現出力量、運動以及由之而形成的「氣勢」的美。在漢代藝術中，運動、力量、「氣勢」就是它的本質。這種「氣勢」甚至經常表現為速度感。而所謂速度感，不正是以動盪而流逝的瞬間狀態集中表現著運動加力量嗎？你看那著名的「馬踏飛燕」，不就是速度嗎？你看那「荊軻刺秦王」，匕首插入柱中的一瞬間，那不也是速度嗎？激烈緊張的各種戰鬥，戲劇性的場面、故事，都是在一種快速運動和力量中以展現出磅礡的「氣勢」。所以，在這裡，動

物具有更多的野性。它們狂奔亂跑，活潑跳躍，遠不是那麼安靜馴良。當然，漢代藝術也有許許多多靜止狀態的形象，但特點在於，即使在靜態裡，也仍然使人可以感受到那內在的運動、力量的速度感。在這裡，人物不是以其精神、心靈、個性或內在狀態，而是以其事跡、行動，亦即其對世界的直接的外在關係（不管是歷史情節或現實活動），來表現他的存在價值的。這不也是一種運動嗎？正因為如此，行為、事跡、動態和戲劇性的情節才成為這裡的主要題材和形象圖景。一往無前不可阻擋的氣勢、運動和力量，構成了漢代藝術的美學風格。它與六朝以後的安祥凝煉的靜態姿式和內在精神（參看本書〈魏晉風度〉、〈佛陀世容〉），是何等鮮明的對照。

也正因為是靠行動、動作、情節而不是靠細微的精神面容、聲音笑貌來表現對世界的征服，於是粗輪廓的寫實，缺乏也不需要任何細部的忠實描繪，便構成漢代藝術的「古拙」外貌。漢代藝術形象看來是那樣笨拙古老，姿態不符常情，長短不合比例，直線、棱角、方形又是那樣突出、缺乏柔和……，但這一切都不但沒有減弱反而增強了上述運動、力量、氣勢的美，「古拙」反而構成這種氣勢美的不可分割的必要因素。就是說，如果沒有這種種「拙笨」，也就很難展示出那種種外在動作姿態的運動、力量、氣勢感了。過分彎的腰，過分長的袖，過分顯示的動作姿態……，「笨拙」得不合現實比例，卻非常合乎展示出運動、力量的誇張需要。包括直線直角也是如此，它們一點也不柔和，卻恰恰增添了力量。「氣勢」與「古拙」在這裡是渾然一體的。

　　如果拿漢代畫像與唐宋畫像石相比較，如果拿漢俑與唐俑相比較，如果拿漢代雕刻與唐代雕刻相比較，漢代藝術儘管由於處在草創階段，顯得幼稚、粗糙、簡單和拙笨，但是上述那種運動、速度的韻律感，那種生動活躍的氣勢力量，就反而由之而愈顯其優越和高明。儘管唐俑也威武雄壯，也有動作姿態，卻總缺少那種狂放的氣勢；儘管漢俑也有靜立靜坐形象，卻仍然充滿了雄渾厚重的衝湧力量。同樣，唐的三彩馬俑儘管何等鮮豔奪目，比起漢代古拙的馬，那造型的氣勢、力量和運動感就相差很遠。天龍山的唐雕儘管如何肌肉凸出相貌嚇人，比起漢代笨拙的石雕，也仍然遜色。宋畫像磚儘管如何細微工整，面容姣好，秀色纖纖，比起漢代來，那生命感和藝術價值距離很大。漢代藝術那種蓬勃旺盛的生命，那種整體性的力量和氣勢，是後代藝術所難以企及的。

　　形象如此，構圖亦然。漢代藝術還不懂後代講求的以虛當實、計白當黑之類的規律，它鋪天蓋地，滿幅而來。畫面塞得滿滿的，幾乎不留空白。這也似乎「笨拙」。然而，它卻給予人們以後代空靈精緻的藝術所不能替代的豐滿樸實的意境。它不更有點相似於今天的農民畫嗎?!相比於後代文人們喜愛的空靈的美，它更使人感到飽滿和實在。與後代的巧、細、輕相比，它確乎顯得分外的拙、粗、重。然而，它不華麗卻單純，它無細部而洗鍊。它由於不以自身形象為自足目的，就反而顯得開放而不封閉。它由於以簡化的輪廓為形象，就使粗獷的氣勢不受束縛而更帶有非寫實的浪漫風味。但它又根本不同於後世文人浪漫藝術的「寫意」。它是

因為氣勢與古拙的結合，充滿了整體性的運動、力量感而具有浪漫風貌的，並不同於後世藝術中個人情感的浪漫抒發。當時民間藝術與文人藝術尚未分化，從畫像石到漢樂府，從壁畫到工藝，從陶俑到隸書，漢代藝術呈現出來的更多是整體性的民族精神。如果說，唐代藝術更多表現了中外藝術的交融，從而頗有「胡氣」的話；那麼，漢代藝術卻更突出地呈現著中華本土的音調傳統：那由楚文化而來的天真狂放的浪漫主義，那人對世界滿目琳琅的行動征服中的古拙氣勢的美。

五、魏晉風度

(一) 人的主題

　　魏晉在中國歷史上是一個重大變化時期。無論經濟、政治、軍事、文化和整個意識形態，包括哲學、宗教、文藝等等，都經歷轉折。這是繼先秦之後第二次社會形態的變異所帶來的。戰國秦漢的繁盛城市和商品經濟相對萎縮，東漢以來的莊園經濟日益鞏固和推廣，大量個體小農和大規模的工商奴隸經由不同渠道，變而為束縛在領主土地上、人身依附極強的農奴或準農奴。與這種標準的自然經濟相適應，分裂割據、各自為政、世代相沿、等級森嚴的門閥士族階級占住了歷史舞臺的中心，中國前期封建社會正式揭幕[1]。

　　社會變遷在意識形態和文化心理上的表現，是占據統治地位的兩漢經學的崩潰。繁瑣、迂腐、荒唐，既無學術效用又無理論

---

1 本書採魏晉封建說。

　東漢即有門閥，並開始壟斷政權，「天下士有三俗，選士而論族姓閥閱，一俗」（仲長統：《昌言》），「貢薦則必閥閱為前」（王符：《潛夫論・交際》）。以後就更如此：「魏晉以來，以貴役賤，士庶之科，較然有辨。」（《宋書・恩幸傳序》）「魏氏立九品，置中正，尊世胄，卑寒士，權歸右姓……皆取著姓士族為之，以定門胄，品藻人物，晉宋因之。」（《新唐書・柳沖傳》）

價值的讖緯和經術，在時代動亂和農民革命[2]的衝擊下，終於垮臺。代之而興的是門閥士族地主階級[3]的世界觀和人生觀。這是一種新的觀念體系。

本書不同意時下中國哲學史研究中廣泛流行的論調，把這種新的世界觀人生觀以及作為它們理論形態的魏晉玄學，一概說成是腐朽反動的東西。實際上，魏晉恰好是一個哲學重新解放、思想非常活躍、問題提出很多、收獲甚為豐碩的時期。雖然在時間、廣度、規模、流派上比不上先秦，但思辨哲學所達到的純粹性和深度上，卻是空前的。以天才少年王弼為代表的魏晉玄學，不但遠超繁瑣和迷信的漢儒，而且也勝過清醒和機械的王充。時代畢竟是前進的，這個時代是一個突破數百年的統治意識，重新尋找和建立理論思維的解放歷程。

確乎有一個歷程。它開始於東漢末年。埋沒了一百多年的王充《論衡》被重視和流行，標誌著理性的一次重新發現。與此同時和稍後，仲長統、王符、徐幹的現實政論，曹操、諸葛亮的法

---

2 兩漢或為奴隸社會，但黃巾主體為農民起義。參看王仲犖《關於中國的奴隸社會的瓦解及封建關係形成問題》。

3 從後漢崔寔的《四民月令》到北朝顏之推的《家訓》，從王戎的鑽李、積錢到南渡士族的「求田問舍」，以及謝靈運的「伐山開路」，實際都在一定意義上反映了這個階級仍在積極地管理、組織莊園經濟，注意發展生產，還沒有腐朽到齊梁時完全不問世事，不勝綺羅，坐以待斃的沒落階段。這正如魏晉玄學和文藝還沒有墮落到齊梁宮體和一味宣揚神不滅論的陳腐教義一樣。南朝門閥到齊梁、北朝門閥到周隋才完全沒落。

家觀念,劉劭的《人物志》,眾多的佛經翻譯⋯⋯,從各個方面都不同於兩漢,是一股新穎先進的思潮。被「罷黜百家,獨尊儒術」壓抑了數百年的先秦的名、法、道諸家,重新為人們所著重探究。在沒有過多的統制束縛、沒有皇家欽定的標準下,當時文化思想領域比較自由而開放,議論爭辯的風氣相當盛行。正是在這種基礎上,與頌功德、講實用的兩漢經學、文藝相區別,一種真正思辨的、理性的「純」哲學產生了;一種真正抒情的、感性的「純」文藝產生了。這二者構成中國思想史上的一個飛躍。哲學上的何晏[4]、王弼,文藝上的三曹、嵇、阮,書法上的鍾、衛、二王,等等,便是體現這個飛躍、在意識形態各部門內開創真善美新時期的顯赫代表。

那麼,從東漢末年到魏晉,這種意識形態領域內的新思潮即所謂新的世界觀人生觀,和反映在文藝—美學上的同一思潮的基本特徵,是什麼呢?

簡單說來,這就是人的覺醒。它恰好成為從兩漢時代逐漸脫身出來的一種歷史前進的音響。在人的活動和觀念完全屈從於神學目的論和讖緯宿命論支配控制下的兩漢時代,是不可能有這種覺醒的。但這種覺醒,卻是通由種種迂迴曲折錯綜複雜的途徑而出發、前進和實現。文藝和審美心理比起其他領域,反映得更為敏感、直接和清晰一些。

---

4 何晏當時是重要的哲學家,但由於政治鬥爭的失敗,被人歪曲得一塌糊塗,魯迅已指出這點。

　　《古詩十九首》以及風格與之極為接近的蘇李詩，無論從形式到內容，都開一代先聲[5]。它們在對日常時世、人事、節候、名利、享樂等等詠嘆中，直抒胸臆，深發感喟。在這種感嘆抒發中，突出的是一種性命短促、人生無常的悲傷[6]。它們構成《十九首》一個基本音調：

　　「生年不滿百，常懷千歲憂」；「人生寄一世，奄忽若飄塵」；「人生非金石，豈能長壽考」；「人生忽如寄，壽無金石固」；「所遇無故物，焉得不速老」；「萬歲更相送，聖賢莫能度」；「出郭門直視，但見丘與墳」……，被鍾嶸推為「文溫以麗，意悲而遠，驚心動魄，可謂幾乎一字千金」的這些「古詩」中，卻有多少個字用於這種人生無常的慨嘆！如改說一字千斤，那麼這裡就有幾萬斤的沉重吧。它們與友情、離別、相思、懷鄉、行役、命運、勸慰、願望、勉勵……結合揉雜在一起，使這種生命短促、人生坎坷、歡樂少有、悲傷長多的感喟，愈顯其沉鬱和悲涼：

　　行行重行行，與君生別離，相去萬餘里，各在天一涯。道路阻且長，會面安可知？……思君令人老，歲月忽已晚，棄捐勿復道，努力加餐飯。

　　……古墓犁為田，松柏摧為薪，白楊多悲風，蕭蕭愁殺人，

---

5 我以為，《十九首》及蘇李詩實際應產生於東漢末年或更晚。

6 參看王瑤《中古文人生活・文人與藥》。

思還故里閭，欲歸道無因。

……征夫懷遠路，起視夜何其，參辰皆已沒，去去從此辭。行役在戰場，相見未有期。握手一長嘆，淚為生別滋。努力愛春華，莫忘歡樂時，生當復來歸，死當長相思。

這種對生死存亡的重視、哀傷，對人生短促的感慨、喟嘆，從建安直到晉宋，從中下層直到皇家貴族，在相當一段時間中和空間內瀰漫開來，成為整個時代的典型音調。曹氏父子有「對酒當歌，人生幾何，譬如朝露，去日苦多」（曹操）；「人亦有言，憂令人老，嗟我白髮，生亦何早」（曹丕）；「人生處一世，去若朝露晞，……自顧非金石，咄唶令人悲」（曹植）。阮籍有「人生若塵露，天道邈悠悠，……孔聖臨長川，惜逝忽若浮」。陸機有「天道信崇替，人生安得長，慷慨惟平生，俯仰獨悲傷」。劉琨有「功業未及建，夕陽忽西流，時哉不我與，去乎若雲浮」。王羲之有「死生亦大矣，豈不痛哉……。固知一死生為虛誕，齊彭殤為妄作，後之視今亦猶今之視昔，悲夫」！陶潛有「悲晨曦之易夕，感人生之長勤。同一盡於百年，何歡寡而愁殷」。……他們唱出的都是這同一哀傷，同一感嘆，同一種思緒，同一種音調。可見這個問題在當時社會心理和意識形態上具有重要的位置，是他們的世界觀人生觀的一個核心部分。

這個核心便是在懷疑論哲學思潮下對人生的執著。在表面看來似乎是如此頹廢、悲觀、消極的感嘆中，深藏著的恰恰是它的

反面，是對人生、生命、命運、生活的強烈的欲求和留戀。而它們正是在對原來占據統治地位的奴隸制意識形態——從經術到宿命、從鬼神迷信到道德節操的懷疑和否定基礎上產生出來的。正是對外在權威的懷疑和否定，才有內在人格的覺醒和追求。也就是說，以前所宣傳和相信的那套倫理道德、鬼神迷信、讖緯宿命、繁瑣經術等等規範、標準、價值，都是虛假的或值得懷疑，它們並不可信或並無價值。只有人必然要死才是真的，只有短促的人生中總充滿那麼多的生離死別哀傷不幸才是真的。既然如此，那為什麼不抓緊生活，盡情享受呢？為什麼不珍重自己珍重生命呢？所以，「晝短苦夜長，何不秉燭遊」；「不如飲美酒，被服紈與素」；「何不策高足，先據要路津」；說得乾脆、坦率、直接和不加掩飾。表面看來似乎是無恥地在貪圖享樂、腐敗、墮落，其實，恰恰相反，它是在當時特定歷史條件下深刻地表現了對人生、生活的極力追求。生命無常、人生易老本是古往今來一個普遍命題，魏晉詩篇中這一永恆命題的詠嘆之所以具有如此感人的審美魅力而千古傳誦，也是與這種思緒感情中所包含的具體時代內容不可分的。從黃巾起義前後起，整個社會日漸動盪，接著便是戰禍不已，疾疫流行，死亡枕藉，連大批的上層貴族也在所不免。「徐（幹）陳（琳）應（瑒）劉（楨），一時俱逝」（曹丕：〈與吳質書〉），榮華富貴，頃刻喪落，曹植曹丕也都只活了四十歲……。既然如此，而上述既定的傳統、事物、功業、學問、信仰又並不怎麼可信可靠，大都是從外面強加給人們的，那麼個人存在的意義和價值就突出出來了，如何有意義地自覺地充分把握住這短促

而多苦難的人生，使之更為豐富滿足，便突出出來了。它實質上標誌著一種人的覺醒，即在懷疑和否定舊有傳統標準和信仰價值的條件下，人對自己生命、意義、命運的重新發現、思索、把握和追求。這是一種新的態度和觀點。正因為如此，才使那些公開宣揚「人生行樂」的詩篇，內容也仍不同於後世腐敗之作。而流傳下來的大部分優秀詩篇，卻正是在這種人生感嘆中抒發著蘊藏著一種向上的、激勵人心的意緒情感，它們隨著不同的具體時期而各有不同的具體內容。在「對酒當歌，人生幾何」底下的，是「烈士暮年，壯心不已」的老驥長嘶，建安風骨的人生哀傷是與其建功立業「慷慨多氣」結合交融在一起的。在「死生亦大矣，豈不痛哉」後面的，是「群籟雖參差，適我無非新」，企圖在大自然的懷抱中去找尋人生的慰藉和哲理的安息。其間如正始名士的不拘禮法，太康、永嘉的「撫枕不能寐，振衣獨長想」（陸機）、「何期百煉剛，化為繞指柔」（劉琨）的政治悲憤，都有一定的具體積極內容。正由於有這種內容，便使所謂「人的覺醒」沒有流於頹廢消沉；正由於有人的覺醒，才使這種內容具備美學深度。《十九首》、建安風骨、正始之音直到陶淵明的自挽歌，對人生、生死的悲傷並不使人心衰氣喪，相反，獲得的恰好是一種具有一定深度的積極感情，原因就在這裡。

如前所說，內的追求是與外的否定聯在一起，人的覺醒是在對舊傳統舊信仰舊價值舊風習的破壞、對抗和懷疑中取得的。「何不飲美酒，被服紈與素」，與儒家教義顯然不相容，是對抗著的。曹氏父子破壞了東漢重節操倫常的價值標準，正始名士進一步否

定了傳統觀念和禮俗。但「非湯、武而薄周、孔」，秘康終於被殺頭；阮籍也差一點，維護「名教」的何曾就勸司馬氏殺阮，理由是「縱情背禮敗俗」。這有如劉伶〈酒德頌〉所說，當時是「貴介公子，縉紳處士，……奮袂攘襟，怒目切齒，陳說禮法，是非蜂起」，可見思想對立和爭鬥之激烈。但陳舊的禮法畢竟抵擋不住新穎的思想，政治的迫害也未能阻擋風氣的改變。從哲學到文藝，從觀念到風習，看來是如此狂誕不經的新東西，畢竟戰勝和取代了一本正經而更加虛偽的舊事物。才性勝過節操，薄葬取替厚葬，王弼超越漢儒，「竹林七賢」成了理想人物，甚至在墓室的磚畫上，也取代或擠進了兩漢的神仙迷信、忠臣義士的行列[7]。非聖無法、大遭物議並被殺頭的人物竟然嵌進了地下廟堂的畫壁，而這些人物既無顯赫的功勳，又不具無邊的法力，更無可稱道的節操，卻以其個體人格本身，居然可以成為人們的理想和榜樣，這不能不是這種新世界觀人生觀的勝利表現。人們並不一定要學那種種放浪形骸、飲酒享樂，而是被那種內在的才情、性貌、品格、風神吸引著、感召著。人在這裡不再如兩漢那樣以外在的功業、節操、學問，而主要以其內在的思辨風神和精神狀態，受到了尊敬和頂禮。是人和人格本身而不是外在事物，日益成為這一歷史時期哲學和文藝的中心。

當然，這裡講的「人」仍是有具體社會性的，他們即是門閥

---

7 參看林樹中 〈江蘇丹陽南齊陵墓磚印壁畫探討〉，《文物》 1977 年第 1 期。

士族。由對人生的感喟詠嘆到對人物的講究品評，由人的覺醒意識的出現到人的存在風貌的追求，其間正以門閥士族的政治制度和取才標準為中介。後者在造成這一將著眼點轉向人的內在精神的社會氛圍和心理狀況上，有直接的關係。自曹丕確定九品中正制度以來，對人的評議正式成為社會、政治、文化談論的中心[8]。又由於它不再停留在東漢時代的道德、操守、儒學、氣節的品評，於是人的才情、氣質、格調、風貌、性分、能力便成了重點所在。總之，不是人的外在的行為節操，而是人的內在的精神性（亦即被看作是潛在的無限可能性），成了最高的標準和原則。完全適應著門閥士族們的貴族氣派，講求脫俗的風度神貌成了一代美的理想。不是一般的、世俗的、表面的、外在的，而是要表達出某種內在的、本質的、特殊的、超脫的風貌姿容，才成為人們所欣賞、所評價、所議論、所鼓吹的對象。從《人物志》到《世說新語》，可以清晰地看出這一特點愈來愈明顯。《世說新語》，津津有味地論述著那麼多的神情笑貌、傳聞軼事，其中並不都是功臣名將們的赫赫戰功或忠臣義士的烈烈操守，相反，更多的倒是手執拂塵，口吐玄言，捫虱而談，辯才無礙。重點展示的是內在的智慧，高超的精神，脫俗的言行，漂亮的風貌；而所謂漂亮，就是以美如自然景物的外觀，體現出人的內在智慧和品格。例如：

　　時人目王右軍，飄如遊雲，矯若驚龍。

---

8 清談與清議開始本是一回事。參看唐長孺《魏晉南北朝史論叢》。

嵇叔夜之為人也，岩岩若孤松之獨立；其醉也，傀俄若玉山之將崩。(《世說新語》)

「朗朗如日月之入懷」，「雙眸閃閃若岩下電」，「濯濯如春月柳」，「謖謖如勁松下風」，「若登山臨下，幽然深遠」，「岩岩清峙，壁立千仞」……，這種種誇張地對人物風貌的形容品評，要求以漂亮的外在風貌表達出高超的內在人格，正是當時這個階級的審美理想和趣味。

本來，有自給自足不必求人的莊園經濟，有世代沿襲不會變更的社會地位、政治特權，門閥士族們的心思、眼界、興趣由環境轉向內心，由社會轉向自然，由經學轉向藝術，由客觀外物轉向主體存在，也並不奇怪。「目送歸鴻，手揮五弦；俯仰自得，游心太玄。」(嵇康) 他們畏懼早死，追求長生，服藥煉丹，飲酒任氣，高談老莊，雙修玄禮，既縱情享樂，又滿懷哲意，這就構成似乎是那麼瀟灑不群、那麼超然自得、無為而無不為的所謂魏晉風度；藥、酒、姿容，論道談玄，山水景色……，成了襯托這種風度的必要的衣袖和光環。

這當然反映在哲學—美學領域內。不是外在的紛繁現象，而是內在的虛無本體，不是自然觀 (元氣論)，而是本體論，成了哲學的首要課題。只有具備潛在的無限可能性，才可發為豐富多樣的現實性。所以，「以無為本」，「崇本息末」，「本在無為，母在無名，棄本捨母而適其子，功雖大焉，必有不濟」。(王弼：《老子》38 章注)「夫物之所以生，功之所以成，必生乎無形，由乎無名，

無形無名者，事物之宗也。」（王弼：《老子略例》）外在的任何功業事物都是有限和能窮盡的，只是內在的精神本體，才是原始、根本、無限和不可窮盡，有了後者（母）才可能有前者。而這也就是「聖人」：「聖人茂於人者，神明也；同於人者，人情也。神明茂，故能體沖和以通無；五情同，故不能無哀樂以應物。」（何劭《王弼傳》引王語）這不正是上面講的那種魏晉風度的哲理思辨化嗎？無為而無不為，茂於神明而同有哀樂，不是外在的有限的表面的功業、活動，而是具有無限可能潛在性的精神、格調、風貌，成了這一時期哲學中的無的主題和藝術中的美的典範。於是，兩漢的五彩繽紛的世界（動的行為）讓位於魏晉的五彩繽紛的人格（靜的玄想）。抒情詩、人物畫在這時開始成熟，取代那冗長、鋪陳和拙笨的漢賦和漢畫像石。正如在哲學中，玄學替代經學，本體論（內在實體的追求）取代了自然觀（外在世界的探索）一樣。

這也很清楚，「以形寫神」和「氣韻生動」，作為美學理論和藝術原則之所以會在這一時期被提出，是毫不偶然了。所謂「氣韻生動」就是要求繪畫生動地表現出人的內在精神氣質、格調風度，而不在外在環境、事件、形狀、姿態的如何鋪張描述（兩漢藝術恰恰是這樣，見上章）。謝赫《古畫品錄》評為第一品第一人的陸探微便正是「窮理盡性，事絕言象」的[9]。「以形寫神」當然

---

9 儘管謝赫〈古畫品錄序〉中仍然說「圖繪者，莫不明勸戒，著升沉，千載寂寥，披圖可鑒」，這只是沿引繪畫功能的傳統說法，他提出的「六法」才是新原則。前者是社會學的，後者才是美學的。

也是這個意思。顧愷之說，「四體妍蚩本無關於妙處，傳神寫照正
在阿堵中」，即是說，「傳神」要靠人的眼睛，而並不靠人的形體
或在幹什麼；眼睛才是靈魂的窗子，至於外在活動只是從屬的和
次要的。這種追求人的「氣韻」和「風神」的美學趣味和標準，
不正與前述《世說新語》中的人物品評完全一致麼？不正與魏晉
玄學對思辨智慧的要求完全一致麼？它們共同體現了這個時代的
精神——魏晉風度。

　　與造型藝術的「氣韻生動」、「以形寫神」相當，語言藝術中
的「言不盡意」具有同樣意義。這個哲學中的唯心論命題，在文
學的審美規律的把握上，卻具有正確和深刻的內涵。所謂「言不
盡意」，就是說必須表達出不是概念性的言詞所能窮盡傳達的東
西。它本來是講哲學玄理的。所謂「盡意莫若象，盡象莫若言」；
「言者所以明象，得象忘言；象者所以存意，得意忘象」。（王弼：
《周易略例》）言詞和形象都是可窮盡的傳達工具，重要的是通過
這些工具去把握領悟那不可窮盡的無限本體、玄理、深意，這也
就是上述的「窮理盡性，事絕言象」。可見，正如「以形寫神」、
「氣韻生動」一樣，這裡的美學涵義仍在於，要求通過有限的可
窮盡的外在的言語形象，傳達出、表現出某種無限的、不可窮盡
的、常人不可得不能至的「聖人」的內在神情，亦即通過同於常
人的五情哀樂去表達出那超乎常人[10]的神明茂如。反過來，也可
說是，要求樹立一種表現為靜（性、本體）的具有無限可能性的

---

10 參看湯用彤《魏晉玄學論稿·謝靈運辯宗論書後》。

人格理想，其中蘊涵著動的（情、現象、功能[11]）多樣現實性。後來這種理想就以佛像雕塑作為最合適的藝術形式表現出來了（見下章）。「言不盡意」、「氣韻生動」、「以形寫神」是當時確立而影響久遠的中國藝術—美學原則。它們的出現離不開人的覺醒的這個主題，是這個「人的主題」的具體審美表現。

（二）文的自覺

　　魯迅說：「曹丕的一個時代可說是文學的自覺時代，或如近代所說，是為藝術而藝術的一派。」[12] 「為藝術而藝術」是相對於兩漢文藝「厚人倫，美教化」的功利藝術而言。如果說，人的主題是封建前期的文藝新內容，那麼，文的自覺則是它的新形式。兩者的密切適應和結合，形成這一歷史時期各種藝術形式的準則。以曹丕為最早標誌，它們確乎是魏晉新風。

　　魯迅又說：「漢文慢慢壯大是時代使然，非專靠曹氏父子之功的，但華麗好看，卻是曹丕提倡的功勞。」曹丕地位甚高，後來又做了皇帝，極人世之崇榮，應該是實現了人生的最高理想了吧，

---

11 參看上書〈王弼聖人有情義釋〉。

12 《而已集·魏晉風度及藥與酒的關係》。

然而並不。他依然感到「年壽有時而盡，榮樂止乎其身，二者必至之常期，未若文章之無窮」。帝王將相、富貴功名很快便是白骨荒丘，真正不朽、能夠世代流傳的卻是精神生產的東西。「不假良史之詞，不托飛馳之勢，而聲名自傳於後。」（《典論·論文》）顯赫一時的皇帝可以湮沒無聞，華麗優美的詞章並不依賴什麼卻被人們長久傳誦。可見曹丕所以講求和提倡文章華美，是與他這種對人生「不朽」的追求（世界觀人生觀）相聯繫的。文章不朽當然也就是人的不朽，它又正是前述人的主題的具體體現。

這樣，文學及其形式本身，其價值和地位便大不同於兩漢。在漢代，文學實際只是宮廷玩物。司馬相如、東方朔這些專門的語言大師乃是皇帝弄臣，處於「俳優畜之」的地位。那些堂哉皇也的煌煌大賦，不過是歌功頌德、點綴昇平，再加上一點所謂「諷喻」之類的尾巴以娛樂皇帝而已。至於繪畫、書法等等，更不必說，這些藝術部類在奴隸制時代更沒有獨立的地位。在兩漢，文學與經術沒有分家。《鹽鐵論》裡的「文學」指的是儒生，賈誼、司馬遷、班固、張衡等人也不是作為文學家而是作為政治家、大臣、史官等等身分而有其地位和名聲的。文的自覺（形式）和人的主題（內容）同是魏晉的產物[13]。

在兩漢，門閥大族累世經學，家法師傳，是當時的文化保存者、壟斷者，當他們取得不受皇權任意支配的獨立地位，即建立

---

13 東漢已開始有所變化。范曄《後漢書》始立文苑傳，與儒林略有差別，但畢竟「文苑」人物遠不及「儒林」有名。

起封建前期的門閥統治後，這些世代沿襲著富貴榮華、什麼也不缺少的貴族們，認為真正有價值有意義能傳之久遠以至不朽的，只有由文學表達出來的他們個人的思想、情感、精神、品格，從而刻意作文，「為藝術而藝術」，確認詩文具有自身的價值意義，不只是功利附庸和政治工具，等等，便也是很自然的了。

所以，由曹丕提倡的這一新觀念極為迅速地得到了廣泛的響應和長久的發展。自魏晉到南朝，講求文辭的華美，文體的劃分，文筆的區別，文思的過程，文作的評義，文理的探求，以及文集的彙纂，都是前所未有的現象。它們成為這一歷史時期意識形態的突出特徵。其中，有人所熟知的陸機〈文賦〉對文體的區劃和對文思的描述：

> 詩緣情而綺靡，賦體物而瀏亮，碑披文以相質，誄纏綿而淒愴。……
>
> 遵四時以嘆逝，瞻萬物而思紛，悲落葉於勁秋，喜柔條於芳春。心懍懍以懷霜，志眇眇而臨雲。……其始也，皆收視反聽，耽思旁訊，精騖八極，心游萬仞；其致也，情曈曨而彌鮮，物昭晰而互進……觀古今於須臾，撫四海於一瞬。

對創作類別特別是對創作心理如此專門描述和探討，這大概是中國美學史上的頭一回。它鮮明地表示了文的自覺。自曹丕、陸機而後，南朝在這方面繼續發展。鍾嶸的《詩品》對近代詩人作了藝術品評，並提出，「若乃經國文符，應資博古，……至乎吟

詠情性，亦何貴於用事」？再次把吟詠情性（內容）的詩（形式）和經世致用的經術儒學從創作特徵上強調區別開。劉勰的《文心雕龍》則不但專題研究了像風骨、神思、隱秀、情采、時序等等創作規律和審美特徵，而且一開頭便說，「日月疊璧，以垂麗天之象；山川煥綺，以鋪理地之形；此蓋道之文也」，而「言之文也，天地之心哉」，把詩文的源起聯繫到周孔六經，抬到自然之「道」的哲學高度，可以代表這一歷史時期對文的自覺的美學概括。

從玄言詩到山水詩，則是在創作題材上反映這種自覺。這些創作本身，從郭璞到謝靈運，當時聲名顯赫而實際並不成功。他們在內容上與哲學本體論的追求一致，人的主題展現為要求與「道」——自然相同一；在形式上與繪畫一致，文的自覺展現為要求用形象來談玄論道和描繪景物。但由於自然在這裡或者只是這些門閥貴族們外在遊玩的對象，或者只是他們追求玄遠即所謂「神超理得」的手段，並不與他們的生活、心境、意緒發生親密的關係（這作為時代思潮要到宋元以後），自然界實際並沒能真正構成他們生活和抒發心情的一部分，自然在他們的藝術中大都只是徒供描畫、錯彩鏤金的僵化物。漢賦是以自然作為人們功業、活動的外化或表現，六朝山水詩則是以自然作為人的思辨或觀賞的外化或表現。主客體在這裡仍然對峙著，前者是與功業、行動對峙，後者是與觀賞、思辨對峙，不像宋元以後與生活、情感溶為一體。所以，謝靈運儘管刻畫得如何繁複細膩，自然景物卻並未能活起來。他的山水詩如同顧愷之的某些畫一樣，都只是一種概念性的描述，缺乏個性和情感。然而通過這種描述，文學形式

自身卻積累了、創造了格律、語彙、修辭、音韻上的種種財富，給後世提供了資料和借鑒。

例如五言詩體，便是從建安、正始通由玄言詩、山水詩而確立和成熟的，從詩經的「四言」到魏晉的「五言」，雖是一字之差，表達的容量和能力卻很不一樣。這一點，鍾嶸總結過：「夫四言文約意廣，取效風騷，便可多得，每苦文繁而意少，故世罕習焉。五言居文詞之要，是眾作之有滋味者也。」「四言」要用兩句表達的，「五言」用一句即可。這使它比四言詩前進一大步，另方面，它又使漢代的雜言（一首中三字、四字、五字、六字、七字均有）規範化而成為詩的標準格式。直到唐末，五言詩始終是居統治地位的主要正統形式，而後才被七言、七言律所超越。此外，如六朝駢體，如沈約的四聲八病說，都相當自覺地把漢字修辭的審美特性研究發揮到了極致。它們對漢語字義和音韻的對稱、勻衡、協調、和諧、錯綜、統一種種形式美的規律，作了空前的發掘和運用。它們從外在形式方面表現了文的自覺。靈活而工整的對仗，從當時起迄至今日，仍是漢文學的重要審美因素。

在具體創作、批評上也如此。曹植當時之所以具有那麼高的地位，鍾嶸比之為「譬人倫之有周孔」，重要原因之一也就是，從他開始，講究詩的造詞煉句。所謂「起調多工」（如「高臺多悲風；朝日照北林」等等），精心煉字（如「驚風飄白日」，「朱華冒綠池」等等），對句工整（如「潛魚躍清波，好鳥鳴高枝」等等），音調諧協（如「孤魂翔故城，靈柩寄京師」等等），結語深遠（如「去去莫復道，沉憂令人老」等等）[14]……都表明他是在有意識

地講究做詩，大不同於以前了。正是這一點，使他能作為創始代表，將後世詩詞與難以句摘的漢魏古詩劃了一條界線。所以鍾嶸要說他是「譬人倫之有周孔」了。這一點的確具有美學上的巨大意義。其實，如果從作品的藝術成就說，曹植的眾多詩作也許還抵不上曹丕的一首〈燕歌行〉，王船山便曾稱譽〈燕歌行〉是「傾情傾度，傾色傾聲，古今無兩」。但由於〈燕歌行〉畢竟像衝口而出的民歌式的作品，所謂「殆天授非人力」（《薑齋詩話》），在當時的審美觀念中，就反被認為「率皆鄙質如偶語」（《詩品》），遠不及曹植講究字句，「詞采華茂」。這也就不奇怪鍾嶸《詩品》為何把曹丕放在中品，而把好些並無多少內容、只是雕飾文詞的詩家列為上乘了，當時正是「儷采百字之偶，爭價一句之奇」的時代。它從一個極端，把追求「華麗好看」的「文的自覺」這一特徵表現出來了。可見，藥、酒、姿容、神韻，還必須加上「華麗好看」的文彩詞章，才構成魏晉風度。

　　所謂「文的自覺」，是一個美學概念，非單指文學而已。其他藝術，特別是繪畫與書法，同樣從魏晉起，表現著這個自覺。它們同樣展現為講究、研討、注意自身創作規律和審美形式。謝赫總結的「六法」，「氣韻生動」之後便是「骨法用筆」，這可說是自覺地總結了中國造型藝術的線的功能和傳統，第一次把中國特有的線的藝術，在理論上明確建立起來：「骨法用筆」（線條表現）比「應物象形」（再現對象）、「隨類賦彩」（賦予色彩）、「經營位

14 參看肖滌非《讀詩三札記》。

置」(空間構圖)、「傳移模寫」(模擬仿制)居於遠為重要的地位。康德曾說,線條比色彩更具審美性質。應該說,中國古代相當懂得這一點,線的藝術(畫)[15]正如抒情文學(詩)一樣,是中國文藝最為發達和最富民族特徵的,它們同是中國民族的文化一心理結構的表現。

書法是把這種「線的藝術」高度集中化純粹化的藝術,為中國所獨有。這也是由魏晉開始自覺的。正是魏晉時期,嚴正整肅、氣勢雄渾的漢隸變而為真、行、草、楷,中下層不知名沒地位的行當,變而為門閥名士們的高妙意興和專業所在。筆意、體勢、結構、章法更為多樣、豐富、錯綜而變化。陸機的平復帖,二王的姨母、喪亂、奉橘、鴨頭丸諸帖,是今天還可看到的珍品遺跡。他們以極為優美的線條形式,表現出人的種種風神狀貌,「情馳神縱,超逸優游」,「力屈萬夫,韻高千古」,「淋漓揮灑,百態橫生」,從書法上表現出來的仍然主要是那種飄俊飛揚、逸倫超群的魏晉風度。甚至在隨後的石碑石雕上,也有這種不同於兩漢的神清氣朗的風貌反映。

---

15 「凡屬表示愉快感情的線條,……總是一往流利,不作頓挫,轉折也是不露圭角的。凡屬表示不愉快感情的線條就一往停頓,呈現一種艱澀狀態,停頓過甚的就顯示焦灼和憂鬱感。」(呂鳳子:《中國畫法研究》,上海人民美術出版社,1978年,第4頁。)對線的抒情性質說得很明確具體,可參考。

（三）　阮籍與陶潛

　　藝術與經濟、政治經常不平衡。如此瀟灑不群飄逸自得的魏晉風度卻產生在充滿動盪、混亂、災難、血污的社會和時代。因此，有相當多的情況是，表面看來瀟灑風流，骨子裡卻潛藏深埋著巨大的苦惱、恐懼和煩憂。這一點魯迅也早提示過。

　　如本章開頭所說，這個歷史時期的特徵之一是頻仍的改朝換代。從魏晉到南北朝，皇帝王朝不斷更迭，社會上層爭奪砍殺，政治鬥爭異常殘酷。門閥士族的頭面人物總要被捲進上層政治漩渦，名士們一批又一批地被送上刑場。何晏、嵇康、二陸、張華、潘岳、郭璞、劉琨、謝靈運、范曄、裴頠……，這些當時第一流的著名詩人、作家、哲學家，都是被殺戮害死的。應該說，這是一張相當驚人的名單，而這些人不過代表而已，遠不完備。「廣陵散於今絕矣」，「華亭鶴唳不可復聞」，留下來的總是這種痛苦悲哀的傳聞故事。這些門閥貴族們就經常生活在這種既富貴安樂而又滿懷憂禍的境地中，處在身不由己的政治爭奪之中。「常畏大網羅，憂禍一旦並」（何晏），「心之憂矣，永嘯長吟」（嵇康），是他們作品中經常流露的情緒。正是由於殘酷的政治清洗和身家毀滅，使他們的人生慨嘆夾雜無邊的憂懼和深重的哀傷，從而大大加重了分量。他們的「憂生之嗟」由於這種現實政治內容而更為嚴肅。

從而，無論是順應環境、保全性命，或者是尋求山水、安息精神，其中由於總藏存這種人生的憂恐、驚懼，情感實際是處在一種異常矛盾複雜的狀態中。外表儘管裝飾得如何輕視世事，灑脫不凡，內心卻更強烈地執著人生，非常痛苦。這構成了魏晉風度內在的深刻的一面。

阮籍便是這類的典型。「阮旨遙深」（劉勰），「雖然慷慨激昂，但許多意思是隱而不顯的」（魯迅）。阮籍八十二首詠懷詩確乎隱晦之至，但也很明白，從詩的意境情緒中反映出來的，正是這種與當時殘酷政治鬥爭和政治迫害相密切聯繫的人生慨嘆和人生哀傷：

> 繁華有憔悴，堂上生荊杞。驅馬舍之去，去上西山趾。一身不自保，何況戀妻子。凝霜被野草，歲暮亦云已。

> 胸中懷湯火，變化故相招。萬事無窮極，知謀苦不饒。但恐須臾間，魂氣隨風飄。終身履薄冰，誰知我心焦。

感傷、悲痛、恐懼、愛戀、焦急、憂慮，欲求解脫而不可能，逆來順受又不適應。一方面很想長壽延年，「獨有延年術，可以慰吾心」，同時又感到「人言願延年，延年欲焉之」，延年又有什麼用處？一方面，「一飛衝青天，曠世不再鳴，豈與鶉鷃遊，連翩戲中庭」；「抗身青雲中，網羅孰能制，豈與鄉曲士，攜手共言誓」，痛惡環境，蔑視現實，要求解脫；同時，卻又是「寧與燕雀翔，

不隨黃鵠飛，黃鵠游四海，中路將安歸」，現實逼他仍得低下頭來，應付環境，以保全性命。所以，一方面被迫為人寫勸進牋，似頗無聊；同時又「口不臧否人物」，極端慎重，並且大醉六十日拒不聯姻⋯⋯。所有這些，都說明阮籍的詩所以那麼隱而不顯，實際包含了欲寫又不能寫的巨大矛盾和苦痛。魯迅說向秀的〈思舊賦〉是剛開頭就煞了尾，指的也是這同一問題。對阮籍的評價、闡解向來做得不夠。總之，別看傳說中他作為竹林名士是那麼放浪瀟灑，其內心的衝突痛苦是異常深沉的，「一為黃雀哀，涕下誰能禁」；「誰云玉石同，淚下不可禁」⋯⋯便是一再出現在他筆下的詩句。把受殘酷政治迫害的疼楚哀傷曲折而強烈地抒發出來，大概從來沒有人像阮籍寫得這樣深沉美麗。正是這一點，使所謂魏晉風度和人的主題具有了真正深刻的內容，也只有從這一角度去了解，才能更多地發現魏晉風度的積極意義和美學力量之所在。

魏晉風度原似指一較短時期，本書則將它擴至晉宋。從而陶潛便可算作它的另一人格化的理想代表。也正如魯迅所一再點出：「在《陶集》裡有〈述酒〉一篇，是說當時政治的」，「由此可知陶潛總不能超於塵世，而且，於朝政還是留心，也不能忘掉『死』。」陶潛的超脫塵世與阮籍的沉緬酒中一樣，只是一種外在現象。超脫人世的陶潛是宋代蘇軾塑造出來的形象。實際的陶潛，與阮籍一樣，是政治鬥爭的迴避者。他雖然沒有阮籍那麼高的閥閱地位，也沒有那樣身不由己地捲進最高層的鬥爭漩渦，但陶潛的家世和少年抱負都使他對政治有過興趣和關係。他的特點是十分自覺地從這裡退了出來。為什麼這樣？在他的詩文中，響著與

阮籍等人頗為相似的音調，可以作為答案：「密網裁而魚駭，宏羅制而鳥驚；彼達人之善覺，乃逃祿而歸耕」；「古時功名士，慷慨爭此場，一旦百歲後，相與還北邙，⋯⋯榮華誠足貴，亦復可憐傷」；「枝條始欲茂，忽值山河改，柯葉自摧折，根株浮滄海，⋯⋯本不植高原，今日復何悔」等等，這些都是具有政治內容的。由於身分、地位、境況、遭遇的不同，陶潛的這種感嘆不可能有阮籍那麼尖銳沉重，但它仍是使陶潛逃避「誠足貴」的「榮華」，寧肯回到田園去的根本原因。陶潛堅決從上層社會的政治中退了出來，把精神的慰安寄托在農村生活的飲酒、讀書、作詩上，他沒有那種後期封建社會士大夫對整個人生社會的空漠之感，相反，他對人生、生活、社會仍有很高的興致。他也沒有像後期封建士大夫信仰禪宗，希圖某種透徹了悟。相反，他對生死問題和人生無常仍極為執著、關心，他仍然有著如《十九首》那樣的人生慨嘆：「人生似幻化，終當歸虛無」；「今我不為樂，知有來歲否」。儘管他信天師道[16]，實際採取的仍是一種無神論和懷疑論的立場，他提出了許多疑問：「夷投老以長飢，回早夭而又貧⋯⋯雖好學與行義，何死生之苦辛。疑報德之若茲，懼斯言之虛陳」，總結則是「蒼昊遐緬，人事無己，有感有昧，疇測其理」。這種懷疑派的世界觀人生觀也正是阮籍所具有的：「榮名非己寶，聲色焉足娛。採藥無旋返，神仙志不符。逼此良可惑，今我久躊躇。」這些魏晉名士們儘管高談老莊，實際仍是知道「一死生為虛誕，齊彭殤為

---

16 參看陳寅恪《陶淵明之思想與清談之關係》。

妄作」，老莊（無神論）並不能構成他們真正的信仰，人生之謎在他們精神上仍無法排遣或予以解答。所以前述人生無常、生命短促的慨嘆，從《十九首》到陶淵明，從東漢末到晉宋之後，仍然廣泛流行，直到齊梁以後佛教鼎盛，大多數人去皈依佛宗，才似乎解決了這個疑問。

與阮籍一樣，陶潛採取的是一種政治性的退避。但只有他，才真正做到了這種退避，寧願歸耕田園，蔑視功名利祿，「寧固窮以濟意，不委屈而累己。既軒冕之非榮，豈縕袍之為恥。誠謬會以取拙，且欣然而歸止」。不是外在的軒冕榮華、功名學問，而是內在的人格和不委屈以累己的生活，才是正確的人生道路。所以只有他，算是找到了生活快樂和心靈慰安的較為現實的途徑。無論人生感嘆或政治憂傷，都在對自然和對農居生活的質樸的愛戀中得到了安息。陶潛在田園勞動中找到了歸宿和寄托。他把自《十九首》以來的人的覺醒提到了一個遠遠超出同時代人的高度，提到了尋求一種更深沉的人生態度和精神境界的高度。從而，自然景色在他筆下，不再是作為哲理思辨或徒供觀賞的對峙物，而成為詩人生活、興趣的一部分。「藹藹停雲，濛濛時雨」；「傾耳無希聲，舉目皓以潔」；「平疇交遠風，良苗亦懷新」，……春雨冬雪，遼闊平野，各種普通的、非常一般的景色在這裡都充滿了生命和情意，而表現得那麼自然、質樸。與謝靈運等人大不相同。山水草木在陶詩中不再是一堆死物，而是情深意真，既平淡無華又盎然生意：

　　……時復墟里中，披草共來往，相見無雜言，但道桑麻長；桑麻日已長，我土日益廣，常恐霜霰至，零落同草莽。

　　種豆南山下，草盛豆苗稀；晨興理荒穢，帶月荷鋤歸；道狹草木長，夕露沾我衣；衣沾不足惜，但使願無違。

　　……曖曖遠人村，依依墟里煙，狗吠深巷中，雞鳴桑樹巔，戶庭無塵雜，虛室有餘閒，久在樊籠中，復得返自然。

　　這是真實、平凡而不可企及的美。看來是如此客觀地描繪自然，卻只有通過高度自覺的人的主觀品格才可能達到。

　　陶潛和阮籍在魏晉時代分別創造了兩種迥然不同的藝術境界，一超然事外[17]，平淡沖和；一憂憤無端，慷慨任氣。它們以深刻的形態表現了魏晉風度。應該說，不是建安七子，不是何晏、王弼，不是劉琨、郭璞，不是二王、顏、謝，而是他們兩個人，才真正是魏晉風度的最高優秀代表。

---

17 而非「超然世外」。這種「超世」的希冀要到蘇軾才有（參看本書〈韻外之致〉）。

六、佛陀世容

（一）悲慘世界

宗教是異常複雜的現象。它一方面蒙蔽麻痺人們於虛幻幸福之中；另方面廣大人民在一定歷史時期中如醉如狂地吸食它，又經常是對現實苦難的抗議或逃避。宗教藝術也是這樣。一般說來，宗教藝術首先是特定時代階級的宗教宣傳品，它們是信仰、崇拜，而不是單純觀賞的對象。它們的美的理想和審美形式是為其宗教內容服務的。中國古代留傳下來的主要是佛教石窟藝術。佛教在中國廣泛傳播流行，並成為門閥地主階級的意識形態，在整個社會占據統治地位，是在頻繁戰亂的南北朝。北魏與南梁先後正式宣布它為國教[1]，是這種統治的法律標誌。它歷經隋唐，達到極盛時期，產生出中國化的禪宗教派而走向衰亡。它的石窟藝術也隨著這種時代的變遷、階級的升降和現實生活的發展而變化發展，以自己的形象方式，反映了中國民族由接受佛教而改造消化它，而最終擺脫它。清醒的理性主義、歷史主義的華夏傳統終於戰勝了反理性的神祕迷狂，這是一個重要而深刻的思想意識的行程。

---

1 東晉末年廣泛流行的佛教終於被梁武帝定為國教；北朝則自石勒父子信奉佛圖澄，已大流行，中經魏太武帝短暫滅佛，至文成帝營造雲岡石窟，地位不再動搖。

所以，儘管同樣是碩大無朋的佛像身軀，同樣是五彩繽紛的壁畫圖景，它的人世內容卻並不相同。如以敦煌壁畫為主要例證，可以明顯看出，北魏、隋、唐（初、盛、中、晚）、五代、宋這些不同時代有著不同的神的世界。不但題材、主題不同，而且面貌、風度也異。宗教畢竟只是現實的麻藥，天上到底仍是人間的折射。下面粗分為（甲）魏、（乙）唐前期和（丙）唐後期、五代及宋三個時期和類型來談。

　　無論是雲岡、敦煌、麥積山，中國石窟藝術[2]最早要推北魏洞窟，印度傳來的佛傳、佛本生等印度題材占據了這些洞窟的壁畫畫面。其中，以割肉貿鴿、捨身飼虎、須達拏好善樂施和五百強盜剜目故事等最為普遍。

　　割肉貿鴿故事即所謂「尸毗王本生」。「尸毗王者，今佛身是也」，即釋迦牟尼成佛前經歷過的許多生世中的一個。這故事是說，一隻小鴿被餓鷹追逐，逃匿到尸毗王懷中求救，尸毗王對鷹說，你不要吃這小鴿。鷹說，我不吃鮮肉就要餓死。你為何不憐惜我呢？尸毗王於是用一杆秤一端稱鴿，一端放同等重量的從自己腿上割下來的鮮肉，用自己的血肉來換下鴿子的生命。但是很奇怪，把整個股肉、臂肉都割盡了，也仍沒小鴿重。尸毗王竭盡全部氣力把整個自己投在秤盤上，即以自己的生命和一切來作抵

---

2 石窟比廟宇、宮殿在戰亂中容易保存，「古來帝宮，終逢煨盡，若依立之，效尤斯及，……乃顧盼山尊，可以終天，……安設尊儀，或石或塑」。（釋道宣：《神州三寶感通靈》）戰亂頻繁的北朝多石窟。

償。結果大地震動，鷹、鴿不見，原來這是神來試探他的。如是
云云。一般壁畫中貿鴿故事所選擇的場面，大多是割肉的景象：
所謂佛前生的尸毗王盤腿端坐，身軀高大，頭微側，目下視，安
詳鎮定，無所畏懼，決心用自己的血肉來換下鴿子的生命。他一
手抬舉胸前，另手手心站著被餓鷹追逐而向他求救的小鴿。下面
則是矮小而滿臉凶狠的劊子手在割腿肉，鮮血淋漓。周圍配以各
色表情人物，或恐懼、或哀傷、或感嘆。飄逸流動的菩薩飛舞在
旁，像音樂和聲般地以流暢而強烈的音響，襯托出這莊嚴的主題。
整個畫面企圖在肉體的極端痛苦中，突出心靈的平靜和崇高。

「捨身飼虎」是佛的另一本生故事，說的是摩訶國有三位王
子同行出遊，在一座山岩下看見七隻初生的小虎，圍繞著奄奄欲
斃的、餓瘦了的母虎。最小的王子發願犧牲自己以救餓虎。他把
兩位哥哥催回去後，就投身虎口。但這虎竟沒氣力去吃他。他於
是從自己身上刺出血來，又從高岩跳下，墜身虎旁。餓虎舐食王
子流出的血後，恢復了氣力，便把王子吃了，只剩下一堆骨頭和
毛髮。當兩位哥哥回來找他時，只看到這堆殘骸與血漬，於是悲
哭告知國王父母，在該處建立了一座寶塔。如此等等。

壁畫以單幅或長幅連環場景，表現它的各個環節：山岩下七
隻初生小虎環繞著奄奄欲斃、餓極了的母虎，小王子從高岩跳下
墜身虎旁，餓虎舐食王子，父母悲泣，建立寶塔。其中最突出的
是飼虎的畫面。故事和場景比割肉貿鴿更為陰森淒厲，意圖正是
要在這愈發悲慘的苦難中，托出靈魂的善良與美麗。

其實，老虎又有什麼可憐惜的呢？也硬要自願付出生命和一

切，那就不必說人世間的一般犧牲了。連所謂王子、國王都如此「自我犧牲」，那就不必說一般的老百姓了。這是統治者的自我慰安和欺騙，又是他們撒向人間的鴉片和麻藥。它是一種地道的反理性的宗教迷狂，其藝術音調是激昂、狂熱、緊張、粗獷的。我們今天在這早已褪掉顏色、失去本來面目的壁畫圖像中，從這依稀可辨的大體輪廓中，仍可以感受到那種帶有刺激性的熱烈迷狂的氣氛和情調：山村野外的荒涼環境，活躍飄動的人獸形象，奔馳放肆的線條旋律，運動型的形體姿態……，成功地渲染和烘托出這些迷狂的藝術主題和題材，它構成了北魏壁畫的基本美學特徵。黑格爾論歐洲中世紀宗教藝術時曾說，這是把苦痛和對於苦痛的意識和感覺當作真正的目的，在苦痛中愈意識到所捨棄的東西的價值和自己對它們的喜愛，愈長久不息地觀看自己的這種捨棄，便愈發感受到把這種考驗強加給自己身上的心靈的豐富。黑格爾的論述完全適合這裡。

須達拏好善樂施的故事是說，太子須達拏性好施捨，凡向他乞求，無不答應。他把國寶白象施捨給了敵國，國王大怒，驅逐他出國。他帶著妻兒四口坐馬車入山。走不多遠，有二人乞馬，太子給了他們。又走不遠，有人乞車，又給了。他和妻子各抱一子繼續前進。又有人乞衣，他把衣服施捨了。車馬衣物錢財全施捨光，來到山中住下。不久又有人求乞，兩個孩子怕自己被父親施捨掉，便躲藏起來。但太子終於把這兩個戰慄著的小孩找出來，用繩子捆縛起來送給了乞求者。孩子們依戀父母不肯走，乞求者用鞭子抽得他們出血，太子雖然難過下淚，但仍讓孩子被牽走，

以實現他的施捨。

五百強盜的故事是說，五百強盜造反，與官兵交戰，被擒獲後受剟眼重刑，在山村中哭嚎震野，痛苦萬分。佛以藥使眼復明，便都皈依了佛法。

這些故事比割肉、飼虎之類，更是現實人間的直接寫照，但卻是嚴重歪曲了的寫照。財產衣物被剝奪乾淨，親生兒女被捆縛牽走，造反、受刑，……所有這些不都是當時人們所常見所親歷的真實景象和生活麼？卻都被用來宣揚忍受痛苦、自我犧牲，悲苦冤屈也不要忿怒反抗，以換取屢世苦修成佛。可是具體形象畢竟高於抽象教義，活生生的、血淋淋的割肉、飼虎、「施捨」兒女、造反剟眼等等藝術場景本身，是如此悲慘殘酷得不合常情，給人感受到的不又正是對當時壓迫剝削的無聲抗議麼？宗教裡的苦難既是現實的苦難的表現，又是對這種現實的苦難的呻吟。宗教是被壓迫生靈的嘆息，是無情世界的情感。當時的現實是：從東漢帝國的瓦解到李唐王朝的統一，四百年間儘管有短暫的和平和局部安定（如西晉、苻秦、北魏，長安、洛陽曾短暫地繁盛一時），整個社會總的說來是長時期處在無休止的戰禍、飢荒、疾疫、動亂之中，階級和民族的壓迫剝削採取了極為殘酷野蠻的原始形態，大規模的屠殺成了家常便飯，階級之間的、民族之間的、統治集團之間的、皇室宗族之間的反覆的、經常的殺戮和毀滅，彌漫於這一歷史時期。曹魏建安時便曾經是「白骨蔽於野，千里無雞鳴」（曹操詩）。西晉八王之亂揭開了社會更大動亂的序幕，從此之後，便經常是：「白骨蔽野，百無一存」（《晉書‧賈疋

傳》);「路道斷絕,千里無煙」(《晉書·苻堅載記》);「身禍家破,闔門比屋」(《宋書·謝靈運傳》);「餓死衢路,無人收識」(《魏書·高祖紀》);這種記載,史不絕書。中原十六國此起彼伏,戰亂不已,殺戮殘酷。偏安江左的東晉南朝也是軍閥更替,皇族殘殺,朝代屢換。南北朝顯赫一時的皇家貴族,經常是剎那間灰飛煙滅,變成死屍,或淪為奴隸。下層百姓的無窮苦難更不待言,他們為了逃避兵役和剝奪,便只好拋家棄子,披上袈裟,「假慕沙門,實避調役」(《魏書·釋老志》)。總之,現實生活是如此的悲苦,生命宛如朝露,身家毫無保障,命運不可捉摸,生活無可眷戀,人生充滿著悲傷、慘痛、恐怖、犧牲,事物似乎根本沒有什麼「公平」和「合理」,也毫不遵循什麼正常的因果和規律。好人遭惡報,壞蛋占上風,身家不相保,一生盡苦辛。為什麼會這樣?為什麼要這樣?這似乎非理性所能解答,也不是儒家孔孟或道家老莊所能說明。於是佛教便走進了人們的心靈。既然現實世界毫無公平和合理可言,於是把因果寄托於輪迴,把合理委之於「來生」和「天國」。「經曰,業有三報,一者現報,二者生報,三者後報。現報者,善惡始於此身,苦樂即此身受。生報者,次身便受。後報者,或二生或三生,百千萬生,然後乃受。」(《廣弘明集·道安二教論》)可以想像,在當時極端殘酷野蠻的戰爭動亂和社會壓迫下,跪倒或端坐在這些宗教圖像故事面前的渺小的生靈們,將以何等狂熱激動而又異常複雜的感受和情緒,來進行自己靈魂的洗禮。眾多僧侶佛徒的所謂坐禪入定,實際將是多麼痛苦和勉強。禮佛的僧俗只得把宗教石窟當作現實生活的花壇、人間

苦難的聖地，把一切美妙的想望、無數悲傷的嘆息、慰安的紙花、輕柔的夢境，統統在這裡放下，努力忘卻現實中的一切不公平、不合理。從而也就變得更加卑屈順從，逆來順受，更加作出「自我犧牲」，以獲取神的恩典。在這個時代早已過去了的今天，我們將如同誦讀悲愴的古詩或翻閱苦難的小說，在這些藝術圖景中，去感受那通過美學形式積澱著的歷史和人生。沉重陰鬱的故事表現在如此強烈動盪的形式中，正可以體會到它們當時吸引、煽動和麻醉人們去皈依天國的那種巨大的情感力量。

洞窟的主人並非壁畫，而是雕塑。前者不過是後者的陪襯和烘托。四周壁畫的圖景故事，是為了托出中間的佛身。信仰需要對象，膜拜需要形體。人的現實地位愈渺小，膜拜的佛的身軀便愈高大。然而，這又是何等強烈的藝術對比：熱烈激昂的壁畫故事陪襯烘托出的，恰恰是異常寧靜的主人。北魏的雕塑，從雲岡早期的威嚴莊重到龍門、敦煌，特別是麥積山成熟期的秀骨清相、長臉細頸、衣褶繁複而飄動，那種神情奕奕、飄逸自得，似乎去盡人間煙火氣的風度，形成了中國雕塑藝術的理想美的高峰。人們把希望、美好、理想都集中地寄托在它身上。它是包含各種潛在的精神可能性的神，內容寬泛而不定。它並不顯示出仁愛、慈祥、關懷等神情，它所表現的恰好是對世間一切的完全超脫。儘管身體前傾，目光下視，但對人世似乎並不關懷或動心。相反，它以對人世現實的輕視和淡漠，以洞察一切的睿智的微笑為特徵，並且就在那驚恐、陰冷、血肉淋漓的四周壁畫的悲慘世界中，顯示出他的寧靜、高超和飄逸。似乎肉體愈摧殘，心靈愈豐滿；身

體愈瘦削，精神愈高妙；現實愈悲慘，神像愈美麗；人世愈愚蠢、低劣，神的微笑便愈睿智、高超……。在巨大的、智慧的、超然的神像面前匍伏著螻蟻般的生命，而螻蟻們的渺小生命居然建立起如此巨大而不朽的「公平」主宰，也正好折射著對深重現實苦難的無可奈何的強烈情緒。

但他們又仍然是當時人間的形體、神情、面相和風度的理想凝聚。儘管同樣向神像祈禱，不同階級的苦難畢竟不同，對佛的懇求和憧憬也並不一樣。梁武帝贖回捨身的巨款和下層人民的「賣兒貼婦錢」，儘管投進了那同一的巨大佛像中，但它們對像化的要求卻仍有本質的區別。被壓迫者跪倒在佛像前，是為了解除苦難，祈求來生幸福。統治者匍伏在佛像前，也要求人民像他匍伏在神的腳下一樣，他要作為神的化身來永遠統治人間，正像他想像神作為他的化身來統治天上一樣。並非偶然，雲岡佛像的面貌恰好是地上君主的忠實寫照，連臉上腳上的黑痣也相吻合。「是年詔有司為石像，令如帝身。既成，顏上足下各有黑石，冥同帝體上下黑子。」（《魏書・釋老志》）當時有些佛像雕塑更完全是門閥士族貴族的審美理想的體現：某種病態的瘦削身軀，不可言說的深意微笑，洞悉哲理的智慧神情，擺脫世俗的瀟灑風度，都正是魏晉以來這個階級所追求嚮往的美的最高標準。如上一章說明，《世說新語》描述了那麼多的聲音笑貌，傳聞逸事，目的都在表彰和樹立這種理想的人格：智慧的內心和脫俗的風度是其中最重要的兩點。佛教傳播並成為占統治地位的意識形態之後，統治階級便藉雕塑把他們這種理想人格表現出來了。信仰與思辨的結合本是南

朝佛教的特徵，可思辨的信仰與可信仰的思辨成為南朝門閥貴族士大夫安息心靈、解脫苦惱的最佳選擇，給了這批飽學深思的士大夫以精神的滿足。這也表現到整個藝術領域和佛像雕塑（例如禪觀決疑的彌勒）上。被謝赫《古畫品錄》列為第一的陸探微，以「秀骨清相，似覺生動，令人懍懍若對神明」為特徵，顧愷之也是「刻削為容儀」，以描繪「清羸示病之容，隱几忘言之狀」出名的。北方的實力和軍威雖勝過南朝，卻一直認南朝文化為中國正統。從習鑿齒（東晉）王肅（宋、齊）到王褒、庾信（陳），數百年南士入北，均倍受敬重，記載頗多。北齊高歡便說，江東「專事衣冠禮樂，中原士大夫望之，以為正朔所在」（《北齊書·杜弼傳》），仍是以南朝為文化正統學習榜樣。所以，江南的畫家與塞北的塑匠，藝術風格和作品面貌，如此吻合，便不奇怪了。今天留下來的佛教藝術儘管都在北方石窟，但他們所代表的，卻是當時作為整體中國的一代精神風貌。印度佛教藝術從傳入起，便不斷被中國化，那種種接吻、扭腰、乳部突出、性的刺激、過大的動作姿態等等，被完全排除。連雕塑、壁畫的外形式（結構、色、線、裝飾、圖案等）也都中國化了。其中，雕塑——作為智慧的思辨決疑的神，更是這個時代、這個社會的美的理想的集中表現。

 **虛幻頌歌**

　　跟長期分裂和連綿戰禍的南北朝相映對的，是隋唐的統一和較長時間的和平和穩定。與此相適應，在藝術領域內，從北周、隋開始，雕塑的面容和體態，壁畫的題材和風格都開始明顯地變化，經初唐繼續發展，到盛唐確立而成熟，形成與北魏的悲慘世界對映的另一種美的典型。

　　先說雕塑。秀骨清相、婉雅俊逸明顯消退，隋塑的方面大耳、短頸粗體、樸達拙重是過渡特徵，到唐代，便以健康豐滿的形態出現了。與那種超凡絕塵、充滿不可言說的智慧和精神性不同，唐代雕塑代之以更多的人情味和親切感。佛像變得更慈祥和藹，關懷現世，似乎極願接近世間，幫助人們。他不復是超然自得、高不可攀的思辨神靈，而是作為管轄世事、可向之請求的權威主宰。

　　唐窟不再有草廬、洞穴的殘跡，而是舒適的房間。菩薩不再向前傾斜，而是安安穩穩地坐著或站著。更重要的是，不再是概括性極大、涵義不可捉摸、分化不明顯的三佛或一佛二菩薩；而是分工更為確定，各有不同職能，地位也非常明確的一鋪佛像或一組菩薩。這裡以比前遠為確定的形態展示出與各種統治功能、職責相適應的神情面相和體貌姿式。本尊的嚴肅祥和，阿難的樸

實溫順，伽葉的沉重認真，菩薩的文靜矜持，天王的威武強壯，力士的凶猛暴烈，或展示力量，或表現仁慈，或顯映天真作為虔誠的範本，或露出飽歷滄桑作為可信賴的引導。這樣，形象更具體化、世俗化；精神性減低，理想更分化，不是那涵義甚多而捉摸不定的神祕微笑了。

這當然是進一步的中國化，儒家思想滲進了佛堂。與歐洲不同，在中國，宗教是從屬於、服從於政治的，佛教愈來愈被封建帝王和官府所支配管轄，作為維護封建政治體系的自覺工具。從「助王政之禁律，益仁智之善性」（《魏書・釋老志》），到「常乘輿赴講，觀者號為禿頭官家」（《高僧傳・慧能》），從教義到官階，都日益與儒家合流靠攏。沙門畢竟「拜王者，報父母」，「法果每言，太祖……即是當今如來，沙門宜應盡禮」（《魏書・釋老志》），連佛教內部的頭目也領官俸、有官階，「自姚秦命僧䂮為僧正，秩同侍中，此則公給食俸之始也」，「言僧正者何？正，政也，自正正人，克敷政令，故云也」（《大宋僧史略》卷中）。《報父母恩重經》則成為唐代異常流行的經文。自南北朝以來，儒佛道互相攻訐辯論之後，在唐代便逐漸協調共存。而宗教服務於政治、倫常的儒家思想終於滲入佛教。佛教各宗首領出入宮廷，它的外地上層也被讚為「利根事佛，餘力通儒，舉君臣父子之義，教爾青襟。……遂使悍戾者好空惡殺，義勇者徇國忘家，裨助至多」（《杜樊川集・敦煌郡僧正慧宛除臨壇大德制》）。已非常符合儒家的要求了。在藝術上，唐代佛教雕塑中，溫柔敦厚關心世事的神情笑貌和君君臣臣各有職守的統治秩序，充分表現了宗教與儒家的同化

合流。於是，既有執行「大棒」職能、凶猛嚇人連筋肉也凸出的天王、力士，也有執行「胡蘿蔔」職能、異常和藹可親的菩薩、觀音，最後是那端居中央、雍容大度、無為而無不為的本尊佛相。過去、現在、未來諸佛的巨大無邊，也不再表現為以前北魏時期那種千篇一律而同語反覆的無數小千佛，它聰明地表現為由少數幾個形象有機組合的整體。這當然是思想（包括佛教宗派）和藝術的進一步的變化和發展。這裡的佛堂是具體而微的天上的李唐王朝、封建的中華佛國。它的整個藝術從屬和服務於這一點。它的雕塑具有這樣一種不離人間又高出於人間，高出人間又接近人間的典型特徵。它既不同於只高出人間的魏，也不同於只不離人間的宋。龍門、敦煌、天龍山的許多唐代雕塑都如此。龍門奉先寺那一組佛像，特別是本尊大佛——以十餘米高大的形象，表現如此親切動人的美麗神情——是中國古代雕塑作品中的「阿波羅」。

　　壁畫的轉變遵循了同樣的方向。不但同一題材的人物形象有了變化，例如維摩詰由六朝「清贏示病之容」，變而為健壯的老頭，而且題材和主題本身也有了180°的轉變。與中國傳統思想「以德報德、以直報怨」本不相投的那些印度傳來的飼虎、貿鴿、施捨兒女等故事，那些殘酷悲慘的場景圖畫，終於消失；代之而起的是各種「淨土變」，即各種幻想出來的「極樂世界」的佛國景象：「彼佛土……琉璃為地，金繩界道，城闕宮閣，軒窗羅網，皆七寶成。」於是在壁畫中，舉目便是金樓玉宇，仙山瓊閣，滿堂絲竹，盡日笙簫；佛坐蓮花中央，環繞著聖眾；座前樂隊，鐘鼓

齊鳴；座後彩雲繚繞，飛天散花；地下是異草奇花，花團錦簇。這裡沒有流血犧牲，沒有山林荒野，沒有老虎野鹿。有的是華貴絢爛的色調，圓潤流利的線條，豐滿柔和的構圖，鬧熱歡樂的氛圍。衣襟飄動的舞蹈美替代了動作強烈的運動美，豐滿圓潤的女使替代了瘦削超脫的士夫，絢爛華麗代替了粗獷狂放。馬也由瘦勁而豐肥，飛天也由男而女，……整個場景、氣氛、旋律、情調，連服飾衣裝也完全不同於上一時期了。如果說，北魏的壁畫是用對悲慘現實和苦痛犧牲的描述，來求得心靈的喘息和精神的慰安，那麼，在隋唐則剛好相反，是以對歡樂和幸福的幻想，來取得心靈的滿足和神的恩寵。

如果用故事來比故事就更明顯。圍繞著唐代的「經變」，也有各種「未生怨」、「十六觀」之類的佛經故事。其中，「惡友品」是最常見的一種。故事是說，善友與惡友兩太子率同行五百人出外求寶珠。路途艱苦，惡友折回。太子善友歷盡艱險求得寶珠，歸途中為惡友搶去，並被惡友刺盲雙目。善友盲後作彈箏手，流落異國作看園人，異國公主聞他彈箏而相慕戀，不顧父王反對，終於許身給他。婚後善友雙目復明，回到祖國，使思念他的父母雙目盲而復明，且寬赦惡友，一家團聚，舉國歡騰。

這個故事與北魏那些悲慘故事相比，趣味和理想相距何等驚人。正是這種中國味的人情世態大團圓，在雕塑、壁畫中共同體現了新時期的精神。

藝術趣味和審美理想的轉變，並非藝術本身所能決定，決定它們的歸根到底仍然是現實生活。朝不保夕、人命如草的歷史時

期終成過去，相對穩定的和平時代、繁榮昌盛的統一王朝，曾使
邊疆各地在向佛菩薩祈求的發願文中，也嚮往來生「轉生中國」。
社會向前發展，門閥士族已走向下坡，非身分性的世俗官僚地主
日益得勢，在經濟、政治、軍事和社會氛圍、心理情緒方面都出
現了新的因素和景象。這也滲入了佛教及其藝術之中。

　　由於下層不像南北朝那樣悲慘，上層也能比較安心地沉浸在
歌舞昇平的世間享受中。社會的具體形勢有變化，於是對佛國的
想望和宗教的要求便有變化。精神統治不再需要用嚇人的殘酷苦
難，而以表面誘人的天堂幸福生活，更為適宜。於是，在石窟中，
雕塑與壁畫不是以強烈對比的矛盾（崇高），而是以相互補充的和
諧（優美）為特徵了。唐代壁畫「經變」描繪的並不是現實的世
界，而是以皇室宮廷和上層貴族為藍本的理想畫圖；雕塑的佛相
也不是以現實的普通的人為模特兒，而是以享受著生活、體態豐
滿的上層貴族為標本。跪倒在經變和佛相面前，是欽羨、追求，
與北魏本生故事和佛像叫人畏懼而自我捨棄，其心理狀態和審美
感受是大不一樣了。天上與人間不是以彼此對立而是以相互接近
為特徵。這裡奏出的，是一曲幸福存夢想、以引人入勝的幻景頌
歌。

(三) 走向世俗

除卻先秦不論，中國古代社會有三大轉折。這轉折的起點分別為魏晉、中唐、明中葉。社會轉折的變化，也鮮明地表現在整個意識形態上，包括文藝領域和美的理想。

開始於中唐社會的主要變化是均田制不再實行，租庸調廢止，代之繳納貨幣；南北經濟交流、貿易發達；科舉制度確立；非身分性的世俗地主勢力大增，並逐步掌握或參預各級政權。在社會上，中上層廣泛追求豪華、歡樂、奢侈、享受。中國封建社會開始走向它的後期。到北宋，這一歷史變化完成了。就敦煌壁畫說，由中唐開始的這一轉折也是很明白的。

盛唐壁畫中那些身軀高大的菩薩行列在中唐消失，更多是渲染「經變」：人物成為次要，著意描繪的是熱鬧繁複的場景，它們幾乎占據了整個牆壁。到晚唐五代，這一點更為突出：「經變」種類增多，神像（人物）卻愈發變少。色彩俗豔，由華貴而趨富麗，裝飾風味日益濃厚。初盛唐圓潤中帶遒勁的線條、旋律，到這時變得纖纖秀柔，有時甚至有點草率了。

菩薩（神）小了，供養人（人）的形象卻愈來愈大，有的身材和盛唐的菩薩差不多，個別的甚至超過。他們一如當時的上層貴族，盛裝華服，並各按現實的尊卑長幼，順序排列。如果說，

以前還是人間的神化，那麼現在凸出來的已是現實的人間——不過只是人間的上層罷了。很明白，人的現實生活這時顯然比那些千篇一律、儘管華貴畢竟單調的「淨土變」、「說法圖」和幻想的西方極樂世界，對人們更富有吸引力，更感到有興味。壁畫開始真正走向現實：歡歌在今日，人世即天堂。

試看晚唐五代敦煌壁畫中的「張議潮統軍出行圖」、「宋國夫人出行圖」，它們本是現實生活的寫真，卻塗繪在供養佛的廟堂石窟裡，並且占有那麼顯赫的位置和面積。

張議潮是晚唐收復河西的民族英雄。畫面上戰馬成行，旌旗飄揚，號角與鼓樂齊鳴，武士和文官並列，雄壯威武，完全是對當時史實的形象歌頌。「宋國夫人出行圖」中的馬車、雜技、樂舞，也完全是世間生活的描寫。在中原，吳道子讓位於周昉、張萱，專門的人物畫家、山水花鳥畫家在陸續出現。在敦煌，世俗場景大規模地侵入了佛國聖地，它實際標誌著宗教藝術將徹底讓位於世俗的現實藝術。

正是對現實生活的審美興味的加濃，使壁畫中的所謂「生活小景」在這一時期也愈發增多：上層的得醫、宴會、閱兵……，中下層的行旅、耕作、擠奶、拉縴……，雖然其中有些是為了配合佛教經文，許多卻純是與宗教無關的獨立場景，它們表現了對真正的現實世俗生活的同一意興。它的重要歷史意義在於：人世的生活戰勝了天國的信仰，藝術的形象超過了宗教的教義。

與此同時發生的，是對山水、樓臺的描畫也多了起來。不再是北魏壁畫「人大於山，水不容泛」，即山林純粹作為宗教題材象

徵（符號）式的環境背景，山水畫開始寫實，具有了可獨立觀賞
的意義，宋代洞窟的「五台山圖」便是例子。

連壁畫故事本身也展現了這一變化。五代「經變」壁畫中最
流行的「勞度叉鬥聖變」，說的是一個鬥法故事：勞度叉變作花果
盛開的大樹，舍利佛喚起旋風吹拔樹根；勞度叉化為寶池，舍利
佛變作白象把池水吸乾；勞度叉先後化作山、龍、牛，舍利佛便
化為力士、金翅鳥、獅子王，把前者一一吃掉；……如此等等。
這與其說是用宗教教義來勸導人，不如說是用世俗的戲劇性來吸
引人；這與其看作是用說法來令人崇拜，不如看作是用說書來令
人娛悅。宗教及其虔誠就這樣從藝術領域裡被逐漸擠了出去。

其他領域也是這樣。例如，當時寺院的所謂「俗講」極為盛
行，但許多內容並不是佛經教義，也不是六朝名士的「空」、「有」
思辨，而是地道的世俗生活、民間傳說和歷史故事。它們甚至與
宗教幾乎沒有多少牽連，純係為寺院的財政收入以招徠聽眾，像
〈漢將王陵變〉、〈季布罵陣文〉以及關於伍子胥的小說等等。「聚
眾談說，假托經論，所言無非淫穢鄙褻之事……愚夫冶婦樂聞其
說，聽者填咽。寺舍瞻禮崇奉，呼為和尚。教坊效其聲調，以為
歌曲。」（趙璘：《因話錄》）[3] 寺院「俗講」，實際已是宋人平話
和市民文藝的先聲了。

禪宗在中唐以來盛行不已，壓倒所有其他佛教宗派，則是這
種情況在理論上的表現。哲學與藝術恰好並行。本來，從魏晉玄

---

3 參看向達《唐代俗講考》。

學的有無之辨到南朝佛學的形神之爭，佛教以其細緻思辨來俘虜門閥貴族這個當時中國文化的代表階級，使他們愈鑽愈深，樂而忘返。哲理的思辨竟在宗教的信仰中找到了豐富的課題，魏晉以來人生悲歌逐漸減少，代之以陶醉在這思辨與信仰相結合的獨特意味之中。「釋迦如來功濟大千，惠流塵境。等生死者嘆其達觀，覽文義者貴其妙明。」（《魏書・釋老志》）也因為這樣，在信仰中仍然保持了一定的理性思辨，中國永遠沒有產生像印度教的梵天、濕婆之類極端神祕恐怖的觀念和信仰。印度傳來的反理性的迷狂故事，在現實生活稍有改變後就退出歷史和藝術舞臺。更進一步，在理論上終於出現了要求信仰與生活完全統一起來的禪宗：不要那一切煩瑣宗教教義和儀式；不必出家，也可成佛；不必那樣自我犧牲、苦修苦煉，也可成佛。並且，成佛也就是不成佛，在日常生活中保持或具有一種超脫的心靈境界，也就是成佛。從「頓悟成佛」到「呵佛罵祖」，從「人皆有佛性」到「山還是山，水還是水」，重要的不只是「從凡入聖」，而更是「從聖入凡」，同平常人、日常生活表面完全一樣，只是精神境界不同而已。「擔水砍柴，莫非妙道」，「語默動靜，一切聲色，盡是佛事」（《古尊宿語錄》卷 3）。這樣，結論自然就是，並不需要一種什麼特殊對象的宗教信仰和特殊形體的偶像崇拜。正如宗教藝術將為世俗藝術所替代，宗教哲學包括禪宗也將為世俗哲學的宋儒所替代。宗教迷狂在中國逐漸走向衰落。「南朝四百八十寺，多少樓臺煙雨中。」這一切，當然又是以中國社會由中古進入近古（封建後期）的經濟基礎和社會關係的重要變動為現實基礎的。

　　所以，走進完成了這一社會轉折的敦煌宋代石窟，便感到那已是失去一切的宗教藝術：儘管洞窟極大，但精神全無。壁畫上的菩薩行列儘管多而且大，但毫無生氣，簡直像影子或剪紙般地貼在牆上，圖式化概念化極為明顯。甚至連似乎是純粹形式美的圖案也如此：北魏圖案的活躍跳動，唐代圖案的自由舒展全沒有了，有的只是規範化了的呆板回文，整個洞窟給人以一派清涼、貧乏、無力、呆滯的感受。只有近於寫實的山水樓臺（如「天台山圖」）還略有可看，但那已不是宗教藝術了。在這種洞窟裡，令人想起的是說理的宋詩和宋代的理學：既失去迷狂的宗教激情，又不作純粹的名理思辨，重視的只是學問議論和倫常規範。藝術與哲學竟是這樣的近似。

　　《酉陽雜俎》記唐代韓幹的宗教畫已經是貴族家中的「妓小小寫真」，神的形象已完全人間化、世俗化。宋代雕塑則充分體現了這一特徵。無論是大足石刻、晉祠宋塑以及麥積山的著名宋塑，都創造了迥然有異於魏、唐的另一種雕塑美的典範。它不是思辨的神（魏）或主宰的神（唐），而完全是世俗的神，即人的形象。它比唐代更為寫實，更為逼真，更為具體，更為可親甚至可暱。大足北山那些觀音、文殊、普賢等神像，面容柔嫩，眼角微斜，秀麗嫵媚，文弱動人。麥積山、敦煌等處的宋塑也都如此，更不用說晉祠的那些有名的侍女像了，大足、麥積山那些最為成功的作品——優美俊俏的形象正是真實的人間婦女，它們實際已不屬於宗教藝術的範圍，也沒有多少宗教的作用和意味了。

　　可見，把歷時數百年之久的中國佛教藝術當作一個混沌的整

體對待是不行的，重要的是歷史的分析和具體的探索。從天上人間的強烈對照到它們之間的接近和諧，到完全合為一體；由接受和發展宗教藝術到它的逐漸消亡，這是一個漫長而曲折複雜的過程，但藝術思潮和美的理想這種發展變化卻完全是合乎規律性的。在宗教雕塑裡，隨著時代和社會的變異，有各種不同的審美標準和美的理想。概括說來，大體（也只是大體）可劃為三種：即魏、唐、宋。一以理想勝（魏），一以現實勝（宋），一以二者結合勝（唐）。它們的美不同。在這三種類型中，都各有其成功與失敗、優秀與拙劣的作品（而且三種有時也不能截然劃分）。隨著今天人們愛好的不同，也可以各有選擇和偏好。作為類型（不是個別作品），本書作者比較推崇第一種，因為它比較充分地運用了雕塑這門藝術的種類特性：以靜態人體的大致輪廓，表達出高度概括性的令人景仰的對象和理想。

七、盛唐之音

(一) 青春、李白

　　唐代歷史揭開了中國古代最為燦爛奪目的篇章。結束了數百年的分裂和內戰，在從中原到塞北普遍施行均田制的基礎上，李唐帝國在政治、財政、軍事上都非常強盛。並且，隨著經濟的發展，南北朝那種農奴式的人身依附逐漸鬆弛，經由中唐走向消失。與此相應，出現了一系列新的情況和因素。「山東之人質，故尚婚姻」，「江左之人文，故尚人物」，「關中之人雄，故尚冠冕」，「代北之人武，故尚貴戚」（《新唐書‧柳沖傳》）。以楊隋和李唐為首的關中門閥取得了全國政權，使得「重冠冕」（官階爵祿）壓倒了「重婚姻」（強調婚姻關係的漢魏北朝舊門閥）、「重人物」（東晉南朝門閥以風格品評標榜相尚）、「重貴戚」（主入中原的原少數民族重血緣關係）等更典型的傳統勢力和觀念。「仕」與「婚」同成為有唐一代士人的兩大重要課題[1]，某種「告身」實即官階爵祿在日益替代閥閱身分，成為唐代社會視為最高榮譽所在。社會風尚在逐漸變化。

　　這與社會政治上實際力量的消長聯在一起，名氣極大的南朝大門閥勢力如王、謝，在齊梁即已腐朽沒落；頑固的北朝大門閥

---

[1] 從陳寅恪說。參看陳著《元白詩箋證稿》。

勢力如崔、盧，一開始在初唐就被皇室壓制[2]。以皇室為中心的關中門閥，又接著被武則天所著意打擊摧殘。與此相映對的是，非門閥士族即世俗地主階級的勢力在上升和擴大。如果說，李世民昭陵陪葬墓的大墓群中，被賜姓李的功臣占居了比真正皇族還要顯赫的位置規模[3]，預告了活人世界將有重大變化的話；那麼，緊接著高宗、武后大搞「南選」，確立科舉，大批不用賜姓的進士們，由考試而做官，參預和掌握各級政權，就在現實秩序中突破了門閥世胄的壟斷。不必再像數百年前左思無可奈何地慨嘆，「鬱鬱澗底松，離離山上苗，以彼徑寸莖，蔭此百尺條」。一條充滿希望前景的新道路在向更廣大的知識分子開放，等待著他們去開拓。

　　這條道路首先似乎是邊塞軍功。「寧為百夫長，勝作一書生。」（楊炯詩）從高門到寒士，從上層到市井，在初唐東征西討、大破突厥、戰敗吐蕃、招安回紇的「天可汗」（太宗）時代裡，一種為國立功的榮譽感和英雄主義彌漫在社會氛圍中。文人也出入邊塞，習武知兵。初、盛唐的著名詩人們很少沒有親歷過大漠苦寒、兵刀弓馬的生涯。與歐洲文藝復興時代的文武全才、生活浪漫的巨人們相似，直到玄宗時的李白，依然是「白隴西布衣，流落楚漢，十五好劍術，遍於諸侯，三十成文章，歷抵卿

2　「太宗曰，我與山東崔盧李鄭，舊既無嫌，為其世代衰微，全無冠蓋，猶自云士大夫……何以重之？……我今特定姓族者，欲崇今朝冠冕，……不需論數世以前。止取今日定爵高下作等級。遂以崔幹為第三等。」（《舊唐書·高儉傳》）

3　〈昭陵陪葬墓調查記〉，《文物》1977 年第 10 期。

相。」（〈上韓荊州書〉）一副強橫亂闖甚至帶點無賴氣的豪邁風度，仍躍然紙上，這絕不是宋代以後那種文弱書生或謙謙君子。

對外是開疆拓土，軍威四震，國內則是相對的安定和統一。一方面，南北文化交流融合，使漢魏舊學（北朝）與齊梁新聲（南朝）相互取長補短，推陳出新；另方面，中外貿易交通發達，「絲綢之路」引進來的不只是「胡商」會集，而且也帶來了異國的禮俗、服裝、音樂、美術以至各種宗教。「胡酒」、「胡姬」、「胡帽」、「胡樂」……，是盛極一時的長安風尚。這是空前的古今中外的大交流大融合。無所畏懼無所顧忌地引進和吸取，無所束縛無所留戀地創造和革新，打破框框，突破傳統，這就是產生文藝上所謂「盛唐之音」的社會氛圍和思想基礎。如果說，西漢是宮廷皇室的藝術，以鋪張陳述人的外在活動和對環境的征服為特徵（參看本書〈楚漢浪漫主義〉），魏晉六朝是門閥貴族的藝術，以轉向人的內心、性格和思辨為特徵（參看本書〈魏晉風度〉），那麼唐代也許恰似這兩者統一的向上一環：既不純是外在事物、人物活動的誇張描繪，也不只是內在心靈、思辨、哲理的追求，而是對有血有肉的人間現實的肯定和感受，憧憬和執著。一種豐滿的、具有青春活力的熱情和想像，滲透在盛唐文藝之中。即使是享樂、頹喪、憂鬱、悲傷，也仍然閃灼著青春、自由和歡樂。這就是盛唐藝術，它的典型代表，就是唐詩。

昔人論唐宋詩區別者，夥矣。自《滄浪詩話》提出「本朝人尚理，唐人尚意興」，詩分唐宋，唐又分初盛中晚以來，贊成者反對者爭辯不休。今人錢鍾書教授《談藝錄》曾概述各種論斷，而

認為，「詩分唐宋乃風格性分之殊，非朝代之別」，指出「唐詩多以豐神情韻擅長，宋詩多以筋骨思理見勝，……非曰唐詩必出唐人，宋詩必出宋人也」；「夫人稟性，各有偏至，發為聲詩，高明者近唐，沉潛者近宋」；「一生之中，少年才氣發揚，遂為唐體，晚節思慮深沉，乃染宋調。」這說法是有道理的，唐宋詩確乎是兩種風貌與不同性格，包括唐宋在內的歷代詩人都可以各有所偏各有所好，不僅唐人可以有宋調，宋人可以發唐音，而且有時也很難嚴格區劃。但是，這兩種風格、性貌所以分稱唐宋兩體，不又正由於它們各是自己時代的產兒嗎？「風格、性分之殊」，其基礎仍在於社會、時代之別。少喜唐音，老趨宋調，這種個人心緒愛好隨時間遷移的變異，倒恰好象徵式地復現著中國後期傳統社會和它的主角世俗地主知識分子由少壯而衰老，由朝氣蓬勃、縱情生活到滿足頹唐、退避現實的歷史行程。唐詩之初盛中晚，又恰好形象地展現了這一行程中的若干重要環節和情景。

閳一多關於唐詩的論文久未為文學史著作所重視或採用。其實這位詩人兼學者相當敏銳地述說了由六朝宮體到初唐的過渡。其中提出盧照鄰的「生龍活虎般騰踔的節奏」，駱賓王「那一氣到底而又纏綿往復的旋律之中，有著欣欣向榮的情緒」[4]，指出「宮體詩在盧、駱手裡是由宮廷走向市井，五律到王、楊的時代是從臺閣移至江山與塞漠」[5]。詩歌隨時代的變遷，由宮廷走向生活，

---

4 閳一多：《唐詩雜論・宮體詩的自贖》。

5 閳一多：《唐詩雜論・四傑》。

六朝宮女的靡靡之音變而為青春少年的清新歌唱。代表這種清新歌唱成為初唐最高典型的，正是聞一多強調的劉希夷和張若虛：

　　洛陽城東桃李花，飛來飛去落誰家；洛陽女兒好顏色，坐見落花長嘆息。今年花落顏色改，明年花開復誰在？已見松柏摧為薪，更聞桑田變成海。古人無復洛城東，今人還對落花風，年年歲歲花相似，歲歲年年人不同……（〈代悲白頭翁〉）[6]

　　春江潮水連海平，海上明月共潮生。灩灩隨波千萬里，何處春江無月明。江流宛轉繞芳甸，月照花林皆似霰。空裡流霜不覺飛，汀上白沙看不見。江天一色無纖塵，皎皎空中孤月輪。江畔何人初見月，江月何年初照人？人生代代無窮已，江月年年只相似，不知江月待何人，但見長江送流水。白雲一片去悠悠，青楓浦上不勝愁，誰家今夜扁舟子，何處相思明月樓……（〈春江花月夜〉）

　　多麼漂亮、流暢、優美、輕快喲！特別是後者，聞一多再三讚不絕口：「更敻絕的宇宙意識！一個更深沉更寥廓更寧靜的境界！在神奇的永恆前面，作者只有錯愕，沒有憧憬，沒有悲傷。」「他得到的彷彿是一個更神祕的更淵默的微笑，他更迷惘了，然而也滿足了。」「這裡一番神祕而又親切的，如夢境的晤談，有的是強烈的宇宙意識。」「這是詩中的詩，頂峰上的頂峰。」[7]

---

6 劉希夷寫了許多邊塞詩，卻以本首更能表現上述特徵。

　　其實，這詩是有憧憬和悲傷的。但它是一種少年時代的憧憬和悲傷，一種「獨上高樓，望斷天涯路」的憧憬和悲傷。所以，儘管悲傷，仍感輕快，雖然嘆息，總是輕盈。它上與魏晉時代人命如草的沉重哀歌，下與杜甫式的飽經苦難的現實悲痛，都決然不同。它顯示的是，少年時代在初次人生展望中所感到的那種輕煙般的莫名惆悵和哀愁。春花春月，流水悠悠，面對無窮宇宙，深切感受到的是自己青春的短促和生命的有限。它是走向成熟期的青少年時代對人生、宇宙的初醒覺的「自我意識」：對廣大世界、自然美景和自身存在的深切感受和珍視，對自身存在的有限性的無可奈何的感傷、惆悵和留戀。人生在十六、七或十七、八歲，在似成熟而未成熟，將跨進獨立的生活程途的時刻，不也常常經歷過這種對宇宙無垠、人生有限的覺醒式的淡淡哀傷麼？它實際並沒有真正沉重的現實內容，它的美學風格和給人的審美感受，是儘管口說感傷卻「少年不識愁滋味」，依然是一語百媚，輕快甜蜜的。永恆的江山、無垠的風月給這些詩人們的，是一種少年式的人生哲理和夾著感傷、悵惘的激勵和歡愉。你看，「人生代代無窮已，江月年年只相似。不知江月待何人，但見長江送流水」；你看「年年歲歲花相似，歲歲年年人不同」；這裡似乎有某種奇異的哲理，某種人生的感傷，然而它仍然是那樣快慰輕揚、光昌流利……。聞一多形容為「神祕」、「迷惘」、「宇宙意識」等等，其實就是說的這種審美心理和藝術意境。

---

7 聞一多：《唐詩雜論‧宮體詩的自贖》。

　　張若虛〈春江花月夜〉是初唐的頂峰，經由以王勃為典型代表的「四傑」就要向更高的盛唐峰巔攀登了。於是，尚未涉世的這種少年空靈的感傷，化而為壯志滿懷要求建功立業的具體歌唱：

　　……海內存知己，天涯若比鄰。無為在歧路，兒女共沾巾。（王勃）
　　朝聞遊子唱離歌，昨夜微霜初渡河。……莫見長安行樂處，空令歲月易蹉跎。（李頎）[8]

　　這不正是在上述那種少年感傷之後的奮發勉勵麼？它更實在，更成熟，開始真正走向社會生活和現實世間。一個人在度過了十六七歲的人生感傷期之後，也經常是成熟地具體地行動起來：及時努力，莫負年華，立業建功，此其時也。「四傑」之後，迎來了現實生活的五彩繽紛，展現了盛唐之音的鮮花怒放，它首先是由陳子昂著名的四句詩喊出來：

　　前不見古人，後不見來者，念天地之悠悠，獨愴然而涕下。（〈登幽州臺歌〉）

　　陳子昂寫這首詩的時候是滿腹牢騷、一腔憤慨的，但它所表

---

8 這裡的次序如劉希夷、李頎以及其他人的一些詩作並非嚴格按時間安排和區分，而毋寧是一種邏輯和歷史的統一體。

達的卻是開創者的高蹈胸懷，一種積極進取、得風氣先的偉大孤獨感。它豪壯而並不悲痛。同樣，像孟浩然的〈春曉〉：

　　春眠不覺曉，處處聞啼鳥；夜來風雨聲，花落知多少。

　　儘管傷春惜花，但所展現的，仍然是一幅愉快美麗的春晨圖畫，它清新活潑而並不低沉哀婉。這就是盛唐之音[9]。此外如：

　　千里黃雲白日曛，北風吹雁雪紛紛；莫愁前路無知己，天下何人不識君。（高適）
　　葡萄美酒夜光杯，欲飲琵琶馬上催，醉臥沙場君莫笑，古來征戰幾人回。（王翰）

　　豪邁，勇敢，一往無前！即使是艱苦戰爭，也壯麗無比；即使是出征、遠戍，也爽朗明快：

　　秦時明月漢時關，萬里長征人未還，但使龍城飛將在，不教胡馬度陰山。（王昌齡）
　　黃河遠上白雲間，一片孤城萬仞山，羌笛何須怨楊柳，春風不度玉門關。（王之渙）

---

9 對比之下，辛棄疾「更能消幾番風雨，匆匆春又歸去，惜春常恨花開早，何況落紅無數！」便是何等纏綿哀痛。

　　北風捲地百草折，胡天八月即飛雪；忽如一夜春風來，千樹萬樹梨花開。……（岑參）

　　個人、民族、階級、國家在欣欣向榮的上升階段的社會氛圍中，盛極一時的邊塞詩是構成盛唐之音的一個基本的內容和方面，它在中國詩史上確乎是前無古人的。就拿中唐李益著名的邊塞詩來比，如「回樂峰前沙似雪，受降城外月如霜，不知何處吹蘆管，一夜征人盡望鄉。」「天山雪後海風寒，橫笛偏吹行路難，磧里征人三十萬，一時回首月中看。」同樣題材、主題和風格，它們極近盛唐，然如仔細品味，其中畢竟微增秋厲，不似盛唐快暢了，更不用比「濁酒一杯家萬里，燕然未勒歸無計，羌管悠悠霜滿地」（宋代范仲淹）之類的淒厲。題材主題基本相同，風格也似乎差別不大，但藝術作品和審美敏感仍然展現了各不相同的時代特徵。

　　江山如此多嬌！壯麗動盪的一面為邊塞詩派占有，優美寧靜的一面則由所謂田園詩派寫出。像上面孟浩然的〈春曉〉是如此，特別是王維的輞川名句：

　　人閒桂花落，夜靜春山空，月出驚山鳥，時鳴春澗中。

　　木末芙蓉花，山中發紅萼，澗戶寂無人，紛紛開且落。

　　忠實、客觀、簡潔，如此天衣無縫而有哲理深意，如此幽靜之極卻又生趣盎然，寫自然如此之美，在古今中外所有詩作中，

恐怕也數一數二。它優美、明朗、健康，同樣是典型的盛唐之音。如果拿晚唐杜牧的名句來比，例如「青山隱隱水迢迢，秋盡江南草木凋；二十四橋明月夜，玉人何處教吹簫」。「斯人清唱何人和，草徑苔蕪不可尋；一夕小敷山下夢，水如環珮月如襟。」也極其空靈美麗，非常接近盛唐，然而畢竟更柔婉清秀，沒有那種闊大氣質了。

　　盛唐之音在詩歌上的頂峰當然應推李白，無論從內容或形式，都如此。因為這裡不只是一般的青春、邊塞、江山、美景，而是笑傲王侯，蔑視世俗，不滿現實，指斥人生，飲酒賦詩，縱情歡樂。「天子呼來不上船，自稱臣是酒中仙」以及國舅磨墨、力士脫靴的傳說故事，都更深刻地反映著前述那整個一代初露頭角的知識分子的情感、要求和嚮往：他們要求突破傳統的約束和羈勒；他們渴望建功立業，獵取功名富貴，進入社會上層；他們抱負滿懷，縱情歡樂，傲岸不馴，恣意反抗。而所有這些，又恰恰只有當他們這個階級在走上坡路，整個社會處於欣欣向榮無束縛的歷史時期中才可能存在。

　　君不見，黃河之水天上來，奔流到海不復回！君不見，高堂明鏡悲白髮，朝如青絲暮成雪！人生在世須盡歡，莫使金樽空對月……

　　……與君論心握君手，榮辱於余亦何有！孔聖猶聞傷鳳麟，董龍更是何雞狗！一生敖岸苦不諧，恩疏媒勞志多乖；嚴陵高揖

漢天子，何必長劍拄頤事玉階！

棄我去者昨日之日不可留，亂我心者今日之日多煩憂。……
抽刀斷水水更流，舉杯消愁愁更愁，人生在世不稱意，明日散髮
弄扁舟。

……頭陀雲月多僧氣，山水何嘗稱人意，不能鳴笳按鼓戲滄
流，呼取江南女兒歌棹謳。我且為君搥碎黃鶴樓，君亦為吾倒卻
鸚鵡洲，赤壁爭雄如夢裡，且須歌舞寬離憂。

蘭陵美酒鬱金香，玉椀盛來琥珀光。但使主人能醉客，不知
何處是他鄉。

朝辭白帝彩雲間，千里江陵一日還，兩岸猿聲啼不住，輕舟
已過萬重山。

盛唐藝術在這裡奏出了最強音。痛快淋漓，天才極致，似乎
沒有任何約束，似乎毫無規範可循，一切都是衝口而出，隨意創
造，卻都是這樣的美妙奇異、層出不窮和不可思議。這是不可預
計的情感抒發，不可模仿的節奏音調……。龔自珍說：「莊屈實
二，不可以并，并之以為心，自白始。」（《最錄李白集》）儘管時
代的原因使李白缺乏莊周的思辨力量和屈原的深沉感情，但莊的
飄逸和屈的瑰麗，在李白的天才作品中確已合而為一，達到了中
國古代浪漫文學交響音詩的極峰。

　　然而，這個極峰，與文學上許多浪漫主義峰巔一樣，它只是一個相當短促的時期，很快就轉入另一個比較持續的現實典範階段。那就是以杜甫為「詩聖」的另一種盛唐，其實那已不是盛唐之音了[10]。

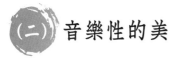

音樂性的美

　　在中國所有藝術門類中，詩歌和書法最為源遠流長，歷時悠久。書法和詩歌同在唐代達到了無可比擬的高峰，既是這個時期最普及的藝術，又是這個時期最成熟的藝術。正如工藝和賦之於漢，雕塑、駢體之於六朝，繪畫、詞曲之於宋元，戲曲、小說之於明清一樣。它們都分別是一代藝術精神的集中點。唐代書法與詩歌相輔而行，具有同一審美氣質。其中與盛唐之音若合符契、共同體現出盛唐風貌的是草書，又特別是狂草。

　　與唐詩一樣，唐代書法的發展也經歷了一個過程。初唐的書法，就極漂亮。由於皇室（如太宗）宮廷的大力提倡，其風度體貌如同上述從齊梁宮體擺脫出來的詩歌一樣，以一種欣欣向榮的

10 葉適《水心詩話》：「少陵與唐音終隔一塵，杜詩興而天下盡廢唐人之學矣」。

新姿態展現出來。唐太宗酷愛王羲之。王羲之的真實面目究竟如何，蘭亭真偽應是怎樣，仍然可以作進一步的探究。但蘭亭在唐初如此名高和風行，像馮、虞、褚的眾多摹本，像陸柬之的文賦效響，似有更多理由把傳世蘭亭作為初唐美學風貌的造型代表[11]，正如把劉（希夷）張（若虛）作為初唐詩的代表一樣。馮（承素）、虞（世南）、褚（遂良）、陸（柬之）和多種蘭亭摹本，確是這一時期書法美的典型。那麼輕盈華美、婀娜多姿，或娟嬋春媚、雲霧輕籠，或高謝風塵、精神灑落……，這不正是〈春江花月夜〉那種「當時年少春衫薄」式的風流、瀟灑和婷婷玉立麼？它們與劉、張、四傑的詩歌的氣質風神恰好一致，鮮明地共同具有著那個時代的審美理想、趣味標準和藝術要求。

　　走向盛唐就不同了。孫過庭《書譜》中雖仍遵初唐傳統，揚右軍而抑大令，但他提出「質以代興，妍因俗易」，「馳騖沿革，物理常然」，以歷史變化觀點，強調「達其情性，形其哀樂」，「隨其性欲，便以為姿」，明確把書法作為抒情達性的藝術手段，自覺強調書法作為表情藝術的特性，並將這一點提到與詩歌並行，與自然同美的理論高度：「情動形言，取會風騷之意；陽舒陰慘，本乎天地之心」，這與詩中的陳子昂一樣，是一個重要的突破。它就像陳子昂「念天地之悠悠」以巨大的歷史責任感，召喚著盛唐詩歌的到來一樣，孫過庭這一抒情哲理的提出，也預示盛唐書法中

---

11 本文不同意郭沫若對蘭亭的看法。但認為傳世蘭亭離王羲之原本距離亦復不小，原本似應更近喪亂諸帖。

浪漫主義高峰的到來。以張旭、懷素[12]為代表的草書和狂草，如同李白詩的無所拘束而皆中繩墨一樣，它們流走快速，連字連筆，一派飛動，「迅疾駭人」，把悲歡情感極為痛快淋漓地傾注在筆墨之間。並非偶然，「詩仙」李白與「草聖」張旭齊名。韓愈說：「往時張旭善草書，不治他伎。喜怒窘窮，憂悲愉佚，怨恨思慕，酣醉無聊，不平有動於心，必於草書焉發之。觀於物，見山水岩谷，鳥獸蟲魚，草木之花實，日月列星，風雨水火，雷霆霹靂，歌舞戰鬥，天地萬物之變，可喜可愕，一表於書，故旭之書，變動猶鬼神，不可端倪。」（〈送高閑上人序〉）不只是張旭狂草，這是當時整個書法的時代風貌。《宣和書譜》便說賀知章「草隸佳處，機會與造化爭衡，非人工可到」。一切都是浪漫的，創造的，天才的，一切再現都化為表現，一切模擬都變為抒情，一切自然、世事的物質存在都變而為動盪情感的發展行程……。然而，這不正是音樂麼？是的，盛唐詩歌和書法的審美實質和藝術核心是一種音樂性的美。

　　盛唐本來就是一個音樂高潮。當時傳入的各種異國曲調和樂器，如龜茲樂、天竺樂、西涼樂、高昌樂等等，融合傳統的「雅樂」、「古樂」，出現了許多新創造。從宮廷到市井，從中原到邊疆，從太宗的「秦王破陣」到玄宗的「霓裳羽衣」，從急驟強烈的跳動到徐歌慢舞的輕盈，正是那個時代的社會氛圍和文化心理的寫照。「自破陣舞以下，皆播大鼓，雜以龜茲之樂，聲震百里，動

---

12 懷素是中唐人，但其藝術仍可列入盛唐。

盪山岳。」「惟慶善樂獨用西涼樂,最為閑雅。」或武或文,或豪
壯或優雅,正如當時的邊塞詩派和田園詩派一樣。這些音樂歌舞
不再是禮儀性的典重主調,而是人世間的歡快心音。

正是這種音樂性的表現力量滲透了盛唐各藝術部類,成為它
的美的魂靈,故統稱之曰盛唐之音,宜矣。內容前面已說,就是
形式,也由這個靈魂支配和決定。絕句和七古樂府所以在盛唐最
稱橫唱,道理也在這裡。它們是能入樂譜,為大家所傳唱的。「琵
琶起舞換新聲,總是關山舊別情。撩亂邊愁聽不盡,高高秋月照
長城。」詩與琵琶(音樂)是渾然一體不可分割的。新聲、音樂
是它的形式,絕句、七古是它的內容;或者反過來說也行,絕句、
七言是形式,音樂、抒情是它的內容。總之,它們是緊相聯繫在
一起的。當時人說,「宮掖所傳,梨園子弟所歌,旗亭所唱,邊將
所進,率當時名士所為絕句」。王江寧三人旗亭唱詩的傳說等等,
無不清楚地證實著這一點。後人說,「三百篇亡,而後有騷、賦,
騷、賦難入樂,而後有古樂府,古樂府不入俗,而後以唐絕句為
樂府」。(王世貞:《曲藻》)五古從漢魏起,到唐代實已基本做完;
五律則自初唐沈(佺期)、宋(之問)搞定形化以來,成為終唐之
世的考試體裁、正統格式;七律要到杜甫才真正成熟,宋以後才
大流行,所有這些形式都基本是文學的,而不是音樂的。只有「入
俗」的絕句和尚未定形的七言(即其中夾有三言、四言、五言、
六言等等)才是當時在整個社會中最為流行而可歌可唱的主要藝
術形式,它也是盛唐之音的主要文學形式。

如同音樂與詩的關係,舞蹈之於書亦然。觀舞姿而進書法,

也是一再流傳的著名故事：「張顛見公孫大娘舞劍，從而筆勢益振」。當時舞蹈特徵是什麼呢？與音樂一樣，它主要也是來自異域少數民族的急烈跳動的胡旋舞（「胡騰」），即所謂「縱橫跳動」「旋轉如風」。從而，那如走龍蛇、剛圓遒勁具有彈性活力的筆墨線條，那奇險萬狀、繹智遺形、連綿不斷、忽輕忽重的結體、布局，那倏忽之間變化無常、急風驟雨不可遏制的情態氣勢，盛唐的草書不正是這紙上的強烈舞蹈麼？絕句、草書、音樂、舞蹈，這些表現藝術合為一體，構成當時詩書王國的美的冠冕，它把中國傳統重旋律重感情的「線的藝術」，推上又一個嶄新的階段，反映了世俗知識分子上升階段的時代精神。而所謂盛唐之音，非他，即此之謂也。

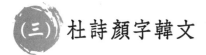

（三）杜詩顏字韓文

　　盛唐之音本是一個相當含糊的概念。拿詩來說，李白與杜甫都稱盛唐，但兩種美完全不同。拿書來說，張旭和顏真卿都稱盛唐，但也是兩種不同的美。從時間說，杜甫、顏真卿的藝術成熟期和著名代表作品都在安史之亂後；從風貌說，他們也不同前人，另開新路。這兩種「盛唐」在美學上具有大不相同的意義和價值。如果說，以李白、張旭等人為代表的「盛唐」，是對舊的社會規範

和美學標準的衝決和突破，其藝術特徵是內容溢出形式，不受形式的任何束縛拘限，是一種還沒有確定形式、無可仿效的天才抒發。那麼，以杜甫、顏真卿等人為代表的「盛唐」，則恰恰是對新的藝術規範、美學標準的確定和建立，其特徵是講求形式，要求形式與內容的嚴格結合和統一，以樹立可供學習和仿效的格式和範本。如果說，前者更突出反映新興世俗地主知識分子的「破舊」、「衝決形式」；那麼，後者突出的則是他們的「立新」、「建立形式」。「江山代有才人出，各領風騷數百年」，杜詩、顏字，加上韓愈的文章，卻不止領了數百年的風騷，它們幾乎為千年的後期封建社會奠定了標準，樹立了楷模，形成為正統。他們對後代社會和藝術的密切關係和影響，比前者（李白、張旭）遠為巨大。杜詩、顏字、韓文是影響深遠、至今猶然的藝術規範。這如同魏晉時期曹植的詩、二王的字以及由漢賦變來的駢文，成為前期封建社會的楷模典範，作為正統，一直影響到晚唐北宋一樣。曹、王、駢體、人物畫與杜詩、顏字、古文、山水畫是中國封建社會在文藝領域內的兩種顯然有異的審美風尚、藝術趣味和正統規範。

蘇軾認為杜詩顏字韓文是「集大成者」。又說，「故詩至於杜子美，文至於韓退之，書至於顏魯公，畫至於吳道子，而古今之變天下之能事畢矣」。（《東坡題跋》）這數人中，以韓時代為晚，與盛唐在時間上幾乎不大沾邊（如按高棅的劃法，也仍可屬盛唐），但具體的歷史充滿各種偶然，包括個人才能的偶然，從來不可能像理論邏輯那樣整齊。盛唐已有韓文的先行者，只是不夠出色罷了，這就足以證明韓文作為一種時代要求將必然出現。所以，

如果抛開個性不論[13]，就歷史總體和精神實質看，韓文不但可以、而且應該與杜詩、顏字並列，看作是體現了同一種時代精神和美的理想。至於吳畫，真跡不傳，從「吳帶當風」的著名概括，和「送子天王圖」之類的傳世摹本以及東坡稱吳畫「出新意於法度之中，寄妙理於豪放之外」看，理法革新具體表現為線條超越，可能是影響後世甚大的基本要素。像體現這個特色的元代永樂宮壁畫和「八十七神仙卷」，都是以極為回旋曲折馳騁飛揚的墨線，表達出異常流暢莊嚴的行走動態和承貫連接生機旺盛的氣勢。它們突出的正是一種規範化了的音樂性的美（不同於盛唐書法的未經規範），一直影響整個後代繪畫藝術——特別是山水花鳥的筆墨趣味千年之久。然而吳道子的原作畢竟是看不見了，只好存而不論。於是，只剩下杜詩顏字和韓文了。「曾聞碧海掣鯨魚，神力蒼茫運太虛。間氣古今三鼎足，杜詩韓筆與顏書。」（馬宗霍《書林藻鑒》引王文治論書絕句）

那麼，這些產生於盛（唐）中（唐）之交的封建後期的藝術典範又有些什麼共同特徵呢？

它們一個共同特徵是，把盛唐那種雄豪壯偉的氣勢情緒納入規範，即嚴格地收納凝煉在一定形式、規格、律令中。從而，不再是可能而不可習、可至而不可學的天才美，而成為人人可學而至、可習而能的人工美了。但又保留了前者那磅礡的氣概和情勢，只是加上了一種形式上的嚴密約束和嚴格規範。這也就是後人所

---

13 韓本人的個性反映了中唐特點，與杜甫、顏真卿不同，見下章。

說的「少陵詩法如孫吳,李白詩法如李廣」(嚴羽:《滄浪詩話》)「李、杜二家,其才本無優劣,但工部體裁明密,有法可尋;青蓮興會標舉,非學可至」。(胡應麟:《詩藪》)「文字之規矩繩墨,自唐宋而下所謂抑揚開闔起伏呼照之法,晉漢以上絕無所聞,而韓、柳、歐、蘇諸大家設之,……故自上古之文至此而別為一界」。(羅萬藻:《此觀堂集·代人作韓臨之制藝序》)等等。李廣用兵如神,卻無兵法;孫、吳則是有兵法可遵循的。李白、張旭等人屬於無法可循的一類,杜詩、韓文、顏字屬於有法可依的一類。後者提供了後世人們長久學習、遵循、模擬、仿效的美的範本。

　　從而,美的整個風貌就大不一樣了。那種神龍見首不見尾的不可捉摸,那種超群軼倫、高華雅逸的貴族氣派,讓位於更為平易近人、更為通俗易懂、更為工整規矩的世俗風度。它確乎更大眾化,更易普遍接受,更受廣泛歡迎。人人都可以在他們所開創建立的規矩方圓之中去尋求美、開拓美和創造美。拿顏字說吧,顏以楷書最為標準,它「穩實而利民用」(包世臣:《藝舟雙楫·歷下筆談》),本就吸取了當時民間抄寫書法,日後終於成為宋代印刷體的張本,它與盛唐狂草當然很不一樣,對照傳統之崇二王,「顏公變法出新意」(蘇軾),更是另一種風度境界了。左右基本對稱,出之以正面形象,渾厚剛健,方正莊嚴,齊整大度,「元氣渾然,不復以姿媚為念」(阮元)的顏書,不更勝過字形微側、左肩傾斜、靈巧瀟灑、優雅柔媚、婀娜多姿的二王書以及它的初唐摹本嗎?正是在這種新的審美標準和觀念下,「羲之俗書逞姿媚」

（韓愈），「逸少草有女郎材，無丈夫氣，不足貴也」（張懷瓘），「一洗二王惡札，照耀皇宋萬古」（米芾）[14]，「歐虞褚陸，真奴書耳」，等等說法、觀點便不斷湧現。范文瀾說得好：「宋人之師顏真卿，如同初唐人之師王羲之。杜甫詩『書貴瘦硬方通神』，這是顏書行世之前的舊標準；蘇軾詩『杜陵評書貴瘦硬，此論未公吾不憑』這是顏書風行之後的新標準。」[15]這裡不正是兩種審美趣味和藝術標準嗎？像顏的〈顏氏家廟碑〉，剛中含柔，方中有圓，直中有曲，確乎達到美的某種極致，卻仍通俗易學，人人都可模仿練習。韓文的情況也類似：「文從字順」，對比從六朝到五代作為文壇正統的駢體四六，其口語的通俗性可學性極為突出。所謂「文起八代之衰」、「韓子之文如長江大河」，其真實涵義也在這裡。韓文終於成為宋代以來散文的最大先驅。「唐自貞觀以後，文士皆沿六朝之體，經開元天寶詩格大變，而文格猶襲舊規，元結與（獨孤）及始奮起湔除，蕭穎士、李華左右之，其後韓柳繼起，唐之古文遂蔚然極盛。」（《四庫全書總目‧毘陵集》）這也說明以韓愈為代表的古文是與六朝「舊規」相對立的一種新的文體規範。杜詩就更不用說了。早如人們所指出，李白是「放浪縱恣，擺去拘束」，而杜甫則「鋪陳終始，排比聲韻」（元稹），「獨唐杜工部如周公制作，後世莫能擬議」（敖器之語，引自朱東潤《中國

---

14 米雖譏評顏，仍是顏書的學習者和繼承者。

15 范文瀾：《中國通史簡編》第 3 編第 2 冊，人民出版社，1965 年，第 749 頁。

文學批評史大綱》),「學詩當以子美為師,有規矩,故可學」(《後山詩話》)。「盛唐句法渾涵,如兩漢之詩,不可以一字求;至老杜而後,句中有奇字為眼,才有此句法。」「參其格調,實與盛唐大別,其能會萃前人在此,濫觴後世亦在此。」(胡應麟:《詩藪》)這些都從各種角度說明了杜詩作為規範、楷模的地位。從此之後,學杜幾乎成為詩人們必經之途。鍊字鍛句,刻意求工,在每一句每一字上反覆推敲,下足功夫,以尋覓和創造美的意境。「二句三年得,一吟雙淚流」,「一聯如稱意,萬事總忘憂」。這些,當然就是李白等人所不知道也不願知道的了。直到今天,由杜甫應用、表現得最為得心應手、最為成功的七律形式,不仍然是人們所最愛運用、最常運用的詩體麼?就在七言八句五十六字這種似乎頗為有限的音韻、對仗等嚴整規範中,人人不都可以創作出變化無窮、花樣不盡的新詞麗句麼?「近體之難,莫難於七言律。五十六字之中,意若貫珠,言如合璧。其貫珠也,如夜光走盤,而不失回旋曲折之妙。其合璧也,如玉匣有蓋,而絕無參差扭捏之痕。綦組錦繡相鮮以為色,宮商角徵互合以成聲,思欲深厚有餘而不可失之晦,情欲纏綿不迫而不可失之流……。莊嚴則清廟明堂,沉著則萬鈞九鼎,高華則朗月繁星,雄大則泰山喬岳,圓暢則流水行雲,變幻則淒風急雨。一篇之中,必數者兼備,乃稱全美。故名流哲士,自古難之。」(胡震亨:《唐音癸籤》)這當然有點說得太玄太高了。但七律這種形式所以為人們所愛用,也正在於它有規範而又自由,重法度卻仍靈活,嚴整的對仗增加了審美因素,確定的句形卻包含多種風格的發展變化。杜甫把這種形式運用得

熟練自如，十全十美。他的那許多著名七律和其他體裁的詩句一直成為後人傾倒、仿效、學習的範本：

　　風急天高猿嘯哀，渚清沙白鳥飛回。無邊落木蕭蕭下，不盡長江滾滾來。萬里悲秋常作客，百年多病獨登臺。艱難苦恨繁霜鬢，潦倒新停濁酒杯。

　　歲暮陰陽催短景，天涯霜雪霽寒宵。五更鼓角聲悲壯，三峽星河影動搖。野哭幾家聞戰鼓，夷歌數處起漁樵。臥龍躍馬終黃土，人世音書漫寂寥。

　　沉鬱頓挫，深刻悲壯，磅礴氣勢卻嚴格規範在工整的音律對仗之中。它們與我們前面引的李白詩，不確是兩種風度、兩種意境、兩種格調、兩種形式麼？從審美性質說，如前所指出，前者是沒有規範的天才美，自然美，不事雕琢；後者是嚴格規範的人工美，世間美，字斟句酌。但是要注意的是，這種規範斟酌並不是齊梁時代那種四聲八韻外形式的追求。純形式的苛求是六朝門閥士族的文藝末流，這裡則是與內容緊密聯繫在一起的規範。這種形式的規範要求恰好是思想、政治要求的藝術表現，它基本是在繼六朝隋唐佛道相對優勢之後，儒家又將重占上風再定一尊的預告。杜、顏、韓都是儒家思想的崇奉者或提倡者。杜甫的「致君堯舜上，再使風俗淳」忠君愛國的倫理政治觀點，韓愈的「博愛之謂仁，行而宜之之謂義，由是而之焉之謂道」（〈原道〉）的半

哲理的儒家信念，顏真卿的「忠義之節，明若日月而堅若金石」
（《六一題跋》）的卓越人格，都表明這些藝術巨匠們所創建樹立
的美學規範是兼內容和形式兩方面在內的。跟魏晉六朝以來與神
仙佛學觀念關係密切，並常以之作為哲理基礎的前期封建藝術不
同，以杜、顏、韓為開路先鋒的後期封建藝術是以儒家學說為其
哲理基礎的。儘管這種學說不斷逐漸失去其實際支配力量（見下
章），但終封建後世，它總是與上述美學規範纏在一起，作為這種
規範的道義倫理要求而出現。這也是為什麼後代文人總強調要用
儒家的忠君愛國之類的倫常道德來品賞、評論、解釋杜、顏、韓
的緣故。

　　一個很有意思的情況是，杜、顏、韓的真正流行和奉為正宗，
其地位之確立不移，並不在唐，而是在宋。有唐一代直至五代，
駢體始終占居統治地位，其中也不乏名家如陸宣公的奏議、李商
隱的四六等等，韓、柳散文並不流行。同樣，當時杜詩聲名也不
及元、白，甚至恐不如溫、李。韓、杜都是在北宋經歐陽修（尊
韓）、王安石（奉杜）等人的極力鼓吹下，才突出起來。顏書雖中
唐已受重視，但其獨一無二地位之鞏固確定，也仍在宋代蘇、黃、
米、蔡四大書派學顏之後。這一切似乎如此巧合，卻非純為偶然。
它從美學這一角度清晰地反映了當時社會基礎和上層建築的變
化。新興的士大夫們由初（唐）入盛（唐）而崛起，經中（唐）
到晚（唐）而鞏固，到北宋，則在經濟、政治、法律、文化各方
面取得了全面統治。杜詩顏字韓文取得統治地位的時日，正好是
與這一行程相吻合一致的。如開頭所說，世俗地主（即庶族、非

身分性地主，相對於僧侶地主和門閥地主）階級比六朝門閥士族，
具有遠為廣泛的社會基礎和眾多人數。它不是少數幾個世襲的門
第閥閱之家，而是四面八方散在各個地區的大小地主。他們歡迎
和接受這種更為通俗性的規範的美，是完全可以理解的。雖然這
一切並不一定是那麼有意識和自覺，然而，歷史的必然經常總是
通過個體的非自覺的活動來展現。文化史並不例外。

　　新興的這些文藝巨匠（以杜、韓、顏為代表）為後世立下了
美的規範，正如比他們時間略先的那一批巨匠（以李白為代表）
為後世突破了傳統一樣。這兩派人共同具有那種元氣淋漓的力量
和勢概，「盛唐諸公之詩，如顏魯公書，既筆力雄壯，又氣象渾
厚」。（《滄浪詩話》）所以，它們既大體同產於盛唐之時，而被共
同視為「盛唐之音」，就理所自然。雖然依我看來，真正的盛唐之
音只是前者，而非後者。因此，如果都要說盛唐，那就應該是兩
種「盛唐」，它們是兩種不同的「有意味的形式」，各自保有、積
澱著不同的社會時代內容，從而各有風貌特徵，各有審美價值，
各有社會意義。仔細分辨它們，揭出它們各自的美學本質，說清
歷來糾纏不清混淆未別的問題，無論對欣賞、品評和理解這些藝
術，都應該說是有意義的。

八、韻外之致

（一）中唐文藝

　　如前面兩章所陸續點出，中唐是中國封建社會由前期到後期的轉折。它以兩稅法的國家財政改革為法律標誌，世俗地主日益取代門閥士族，逐漸占居主要地位。這一社會變化由趙宋政權確定了下來。「太祖勒石，鎖置殿中，使嗣君即位，入而跪讀，其戒有三：一保全柴氏子孫，二不殺士大夫，三不加農田之賦，……終宋之世，文臣無歐刀之辟。」（王夫之：《宋論》）皇帝不再如六朝時代那樣，只是彼此對抗爭奪的少數門閥貴族的意志代表，而成為全國各個階層的政權中心，代表著整個地主階級的利益。不再是蕭衍時代「我自應天從人，何予天下士大夫事。」改朝換代、誰當皇帝對社會甚至士大夫們沒有太大關係；而是「天下興亡，匹夫有責」，不但國家、「天下」，而且皇室一姓的興衰、甚至名位尊號，都看得十分嚴重；從宋濮議之爭到明移宮之案，士大夫們可以為皇家的純粹內部事務堅持爭論得不亦樂乎。有人做過統計，唐代宰相絕大部分仍出自門閥士族；宋代則恰好相反，「白衣卿相」突出增多。唐代風習仍以炫耀門戶、標榜閥閱為榮（潦倒如杜甫，仍誇乃祖閥閱；開明如唐太宗，亦究士人門戶）；宋代則不大突出了。有宋一代整個地主士大夫知識分子的境況有了很大的提高，文臣學士、墨客騷人取得了前所未有的優越地位。宋代文

官多，官俸高，大臣傲，賞賜重，重文輕武，提倡文化。自宮廷（皇帝本人）到市井，整個時代風尚社會氛圍與前期封建制度大有變化。

這一切，首先是從中唐開其始端的。

安史之亂後，唐代社會並未走下坡，就在藩鎮割據、兵禍未斷的情況下，由於前述新的生產關係的擴展改進，生產力在進一步發展，整個社會經濟仍然處在繁榮昌盛的階段。劉晏理財使江南富庶直抵關中，楊炎改稅使國庫收入大有增益。中唐社會的上層風尚因之日趨奢華、安閑和享樂。「長安風俗，自貞元（德宗年號）侈於遊宴，其後或侈於書法圖畫，或侈於博奕，或侈於卜祝，或侈於服食。」「京城貴游尚牡丹三十餘年矣，春暮車馬若狂，以不耽玩為恥。」（李肇：《國史補》）淺斟低唱、車馬宴遊日益取代了兵車弓刀的邊塞生涯，連衣服時尚也來了個變化。「外人不見見應笑，天寶末年時勢裝。」（白居易）寬袖長袍代替了天寶時的窄袖緊身，……所有這些與眾多知識分子通由考試進入或造成一個新的社會上層有關。「唐代科舉之盛，肇於高宗之時，成於玄宗之代，而極於德宗之世。」[1]「自大中皇帝（唐宣宗）好儒術，特重科第，故進士自此尤盛，曠古無儔。僕馬豪華，宴遊崇侈。」（孫棨：《北里志》）這時，與高、玄之間即初盛唐時那種衝破傳統的反叛氛圍和開拓者們的高傲骨氣大不一樣，這些人數日多的書生進士帶著他們所擅長的華美文詞、聰敏機對，已日益沉浸在

---

1 陳寅恪：《元白詩箋證稿》，上海古籍出版社，1978年，第2頁。

繁華都市的聲色歌樂、舞文弄墨之中。這裡已沒有邊塞軍功的嚮往，而只有僕馬詞章的較量；這裡已沒有「大道如青天，我獨不得出」的縱聲怒吼，而只有「至於貞元末，風流恣綺靡」（杜牧）的華麗舒適。然而，也正是在這一時期，出現了文壇藝苑的百花齊放。它不像盛唐之音那麼雄豪剛健，光芒耀眼，卻更為五顏六色，多彩多姿。各種風格、思想、情感、流派競顯神通，齊頭並進。所以，真正展開文藝的燦爛圖景，普遍達到詩、書、畫各藝術部門高度成就的，並不是盛唐，而毋寧是中晚唐。

就詩說，這裡有大曆十才子，有韋應物，有柳宗元，有韓愈，有李賀，有白居易、元積，有賈島、盧仝，緊接著有晚唐的李商隱、杜牧，有溫庭筠、許渾。中國詩的個性特徵到這時才充分發展起來。從漢魏古詩直到盛唐，除少數大家外，藝術個性並不十分明顯。經常可以看出時代之分（例如「建安風骨」、「正始之音」、「玄言」、「山水」），而較難見到個性之別（建安七子、二陸三張均大同小異）。盛唐有詩派（高岑、王孟），但個性仍不夠突出。直到中唐而後，個性真正成熟地表露出來（正如繪畫的個性直到明清才充分表露一樣）。不再是大同小異，而是風格繁多，個性突出。正因為這樣，也才可能構成中唐之後異常豐富而多樣的文藝圖景：

大曆貞元中，則有韋蘇州之雅淡，劉隨州之閒曠，錢、郎之清贍，皇甫之沖秀，秦公緒之山林，李從一之臺閣，此中唐之再盛也。下暨元和之際，則有柳愚溪之超然復古，韓昌黎之博大其

詞，張（籍）、王（建）樂府，得其故實，元、白序事，務在代明。與夫李賀、盧仝之鬼怪，孟郊、賈島之飢寒，此晚唐之變也，降而開成以後，則有杜牧之之豪縱，溫飛卿之綺靡，李義山之隱僻，許用晦之偶對。（高棅：《唐詩品彙・總序》，按：高所謂「晚唐之變」實屬中唐）

至於大曆之際，錢、郎遠師沈、宋，而苗、崔、盧、耿、吉、李諸家，亦皆本伯玉而祖黃初，詩道於是為極盛。韓、柳起於元和之間，……元、白近於輕俗，王、張過於浮麗。（宋濂：〈答章秀才論詩書〉）

元和而後，詩道浸晚，而人才故自橫絕一時。若昌黎之鴻偉，柳州之精工，夢得之雄奇，樂天之浩博，皆大家材具也。……東野之古，浪仙之律，長吉樂府，玉川歌行，其才具工力，故皆過人。……俊爽若牧之，藻綺若庭筠，精深若義山，整密若丁卯，皆晚唐錚錚者。（胡應麟：《詩藪》）

百花齊放，名家輩出；詩壇之盛，確乎空前。散文也是如此。韓愈、柳宗元固然是後代景仰不已的「宗師」，然而當時更為知名和流行的，卻是元、白。與他們的通俗性的詩歌一樣，白居易、元稹的散文也曾萬口傳誦。這與興起於盛唐、大盛於中唐的古文運動，當然是聯繫在一起的[2]。但更有意思的是，與古文運動並行不悖，傳統的駢體四六這時同樣大放異彩，更為美麗（如李商

---

2 參看陳寅恪《元白詩箋證稿》。

隱等人），足見當日文壇也是百花齊放，各有風度的。

　　書法也是如此。這裡既是顏真卿的成熟期，又有柳公權的楷體，李陽冰的篆書……，都各有特徵，影響久遠。

　　畫亦然。宗教畫迅速解體，人物、牛馬、花鳥、山水正是在中唐時期取得自己的獨立地位而迅速發展，出現了許多卓有成就的專門作品和藝術家。從韓幹到韓滉，從張萱到周昉，都說明盛（唐）中（唐）之交的這種重大轉折。像遊春、烹茶、憑欄、橫笛、攬鏡、吹簫之類的繪畫題材，像「簪花仕女圖卷」刻意描繪的那些豐碩盛裝、彩色柔麗、輕紗薄羅、露肩裸臂的青年貴族婦女，那麼富貴、悠閑、安樂、奢侈，形象地再現了中唐社會上層的審美風尚和藝術趣味。如本書〈佛陀世容〉所指出，現實世間生活以自己多樣化的真實，展現在、反映在文藝的面貌中，構成這個時代的藝術風神。

　　總起來說，除先秦外，中唐上與魏晉、下與明末是中國古代思想領域中三個比較開放和自由的時期，這三個時期又各有特點。以世襲門閥貴族為基礎，魏晉帶著更多的哲理思辨色彩，理論創造和思想解放突出。明中葉主要是以市民文學和浪漫主義思潮，標誌著接近資本主義的近代意識的出現。從中唐到北宋則是世俗地主在整個文化思想領域內的多樣化地全面開拓和成熟，為後期封建社會打下鞏固基礎的時期。僅從藝術形式上說，如七律的成熟、詞的出現、散文文體的擴展、楷體書法的普及，等等。如果沒有中唐的百花齊放的鞏固成果和燦爛收穫，恐怕就連這些形式也難以保存和流傳下來。正是它們保存和展出了詩文書畫中各種

豐富多彩的「有意味的形式」，即積澱了特定社會歷史內容的藝術形式。人們常常只講盛唐，或把盛唐拖延到中唐，其實從文藝發展史看，更為重要的倒是承前啟後的中唐。

　　就美學風格說，它們也確乎與盛唐不同。這裡沒有李白、張旭那種天馬行空式的飛逸飄動，甚至也缺乏杜甫、顏真卿那種忠摯剛健的骨力氣勢，他們不乏瀟灑風流，卻總開始染上了一層薄薄的孤冷、傷感和憂鬱，這是初盛唐所沒有的。韋應物的「世事茫茫難自料，春愁黯黯獨成眠」，柳宗元的「驚風亂颭芙蓉水，密雨斜侵薜荔牆」，劉禹錫的「巴山楚水淒涼地，二十三年棄置身」，白居易的〈長恨歌〉、〈琵琶行〉，以及盧綸、錢起、賈島……，與盛唐比，完全是兩種風貌、韻味。比較起來，他們當然更接近杜甫。不僅在思想內容上，而且也在美學理想上，如規範的講求，意義的重視，格律的嚴肅，等等。杜甫在盛唐後期開創和樹立起來的新的審美觀念，即在特定形式和嚴格規範中去尋找、創造、表達美這一基本要求，經由中唐而承繼、鞏固和發展開來了。

（二）內在矛盾

　　也正是從中唐起，一個深刻的矛盾在醞釀。

　　如上篇所說，杜甫、顏真卿、韓愈這些為後期傳統文藝定規

立法的巨匠們，其審美理想中滲透了儒家的思想。他們要求在比較通俗和具有規範的形式裡，表達出富有現實內容的社會理想和政治倫理主張。這種以儒家思想作藝術基礎的美學觀念不只是韓、杜等人，而是一種時代階級的共同傾向。所以，儘管風格、趣味大不相同，卻貫穿著這同一的思潮脈絡。與韓愈對立的元、白，同樣主張「文章合為時而著，歌詩合為事而作」（白居易：〈與元九書〉）。對元、白不滿，風流瀟灑，「十年一覺揚州夢」的杜牧，也同樣力讚楚騷「言及君臣理亂，時有以激發人意」（〈李長吉歌詩敘〉）。他們與封建前期門閥士族對文藝的主張、觀念和理論是有差別的。鍾嶸《詩品》講的是「若乃春風春鳥、秋月秋蟬、夏雲暑雨、冬月祁寒，斯四候之感諸詩者也，嘉會寄詩以親，離群托詩以怨。」《文心雕龍》講的是，「文之為德也大矣，與天地並生」；「寫天地之輝光，曉生民之耳目」；都著重文藝作為對客觀事物（包括自然和人事）感發觸動的產品。韓愈「文起八代之衰」，白居易要回到詩的「六義」，一個說「晉宋以還，得者蓋寡」（白），一個說「非三代兩漢之書不敢觀」（韓），都恰恰是要批判和取代自魏晉六朝到初盛唐的上述意識形態和文藝觀點，以回到兩漢的儒家經學時代去，把文藝與倫理政治的明確要求緊緊捆綁在一起。白居易把這一點說得再清楚不過了：「總而言之，為君、為民、為物、為事而作，不為文而作也。」「其辭質而徑，欲見之者易諭也。其言直而切，欲聞之者深誡也。其事核而實，使採之者傳信也。其體順而肆，可以播於樂章歌曲也。」（〈新樂府序〉）這確乎是異常明確了，然而卻又是多麼狹隘啊！文藝竟然被規定

為倫理政治的直接的實用工具，藝術自身的審美規律和形式規律被拋棄在一邊，這對文藝的發展當然沒有好處，遲早要走向它的反面。白居易的那些諷諭詩中，有很大一部分作品寫得不算成功，在當時和後代傳誦得最為廣遠的，仍然是他的〈長恨歌〉之類。

並且，就在這批「文以載道」、「詩以采風」的倡導者們自己身上，便已經潛藏和醞釀著一種深刻的矛盾。作為世俗地主階級知識分子，這些衛道者們提倡儒學，企望「天王聖明」，皇權鞏固，同時自己也做官得志，「兼濟天下」。但是事實上，現實總不是那麼理想，生活經常是事與願違。皇帝並不那麼英明，仕途也並不那麼順利，天下也並不那麼太平。他們所熱心追求的理想和信念，他們所生活和奔走的前途，不過是官場、利祿、宦海浮沉、上下傾軋。所以，就在他們強調「文以載道」的同時，便自覺不自覺地形成和走向與此恰好相反的另一種傾向，即所謂「獨善其身」，退出或躲避這種種爭奪傾軋。結果就成了既關心政治、熱中仕途而又不感興趣或不得不退出和躲避這樣一種矛盾雙重性。「當君白首同歸日，是我青山獨往時」，這是白居易對「甘露之變」的沉痛的自慰：幸而沒有遭到血的清洗。而他們的地位畢竟不是封建前期的門閥士族，不必像阮籍嵇康那樣不由自主地必須捲入政治漩渦（參看本書〈魏晉風度〉），他們可以抽身逃避。所以，白居易在作了諷喻詩之後，便作起「窮通諒在天，憂喜亦由己，是故達道人，去彼而取此」，「素垣夾朱門，主人安在哉，……何如小園主，拄杖閒即來，……以此聊自足，不羨大樓臺」的「閒適詩」了。這裡不再是使權貴側目的「為君為民而作」，而是「形神

安且逸」,「知足常樂」了。所以,不難理解,同一個韓愈,與進攻性、煽動性、通俗性的韓文相並行的,倒恰好是孤僻的、冷峭的、艱澀的韓詩;儘管「以文為詩」,但韓詩與韓文在美學風貌上是相反的。也不難理解,柳宗元詩文中那種憤激與超脫的結合,韋應物的閑適與蕭瑟的關聯……。他們詩文的美,經常是這兩個方面的複雜的統一體。這與李白杜甫便大不相同了。像柳宗元著名的〈永州八記〉中的作品:

從小邱西行百二十步,隔篁竹聞水聲如鳴珮環,心樂之。伐竹取道,下見小潭,水尤清洌。全石以為底,近岸,卷石底以出,為坻,為嶼,為嵁,為岩。青樹翠蔓,蒙絡搖綴,參差披拂。潭中魚可百許頭,皆若空游無所依,日光下澈,影布石上,怡然不動,俶爾遠逝,往來翕忽,似與遊者相樂。潭西南而望,斗折蛇行,明滅可見,其岸勢犬牙參互,不可知其源。坐潭上,四面竹樹環合,寂寥無人,淒神寒骨,悄愴幽邃。以其境過清,不可久居,乃記之而去。

峭潔清遠,遺世獨立,絕非盛唐之音,而是標準的中唐產物。我在前面已講到儒道互補(參看本書〈先秦理性精神〉),中國古代知識分子本來就有所謂「兼濟」與「獨善」的相互補充,然而這互補的充分展開,使這種矛盾具有一種時代、階級的特定深刻意義,卻是在中唐以來的後期封建社會。

朱熹批評韓愈「只是要作文章,令人觀賞而已」。蘇軾也說,

「韓愈之於聖人之道,蓋亦知好其名矣,而未能樂其實」。韓愈高喊周孔道統,一本正經地強調仁義道德,但他自己的生活、愛好卻並不如此。貪名位,好資財,耽聲色,佞權貴,完全是另外一套。這使當時和後世各種真誠的衛道者們(從王安石到王船山)頗為不滿。其實,它倒是真實地表現了從中唐開始大批湧現的世俗地主知識分子們(以進士集團為代表)很善於「生活」。他們雖然標榜儒家教義,實際卻沉浸在自己的各種生活愛好之中:或享樂,或消閑;或沉溺於聲色,或放縱於田園;更多地是相互交織配合在一起。隨著這個階級日益在各方面占據社會統治地位,中唐的這種矛盾性格逐漸分化,經過晚唐、五代到北宋,前一方面——打著孔孟旗號,口口聲聲文藝為封建政治服務這一方面,就發展為宋代理學和理學家的文藝觀。後一方面——對現實世俗的沉浸和感嘆則日益成為文藝的真正主題和對象。如果說,在魏晉,文藝和哲學是相輔而行交融合作的;那麼,唐宋而後,除禪宗外,二者則是彼此背離,分道揚鑣。但是,並非宋明理學而是詩文和宋元詞曲,把中國的藝術趣味帶進了一個新的階段和新的境界。

這裡指的是韓愈、李賀的詩,柳宗元的山水小記;然而更指的是李商隱、杜牧、溫庭筠、韋莊的詩詞。它不是〈秦婦吟〉(韋)或〈韓碑〉、〈詠史〉(李、杜),而是「人人盡說江南好,遊人只合江南老,春水碧於天,畫船聽雨眠。」「相見時難別亦難,東風無力百花殘。春蠶到死絲方盡,蠟炬成灰淚始乾。」「銀燭秋光冷畫屏,輕羅小扇撲流螢。天階夜色涼如水,臥看牽牛織女星」這些千古傳誦的新詞麗句。這裡的審美趣味和藝術主題已

完全不同於盛唐，而是沿著中唐這一條線，走進更為細膩的官能感受和情感彩色的捕捉追求中。愛情詩、山水畫成了最為人心愛的主題和吟詠描繪的體裁。這些知識分子儘管仍然大做煌煌政論，仍然滿懷壯志要治國平天下，但他們審美上的真正興趣實際已完全脫離這些了。拿這些共同體現了晚唐五代時尚的作品與李白杜甫比，與盛唐的邊塞詩比，這一點便十分清楚，時代精神已不在馬上，而在閨房；不在世間，而在心境。所以，這一時期最為成功的藝術部門和藝術品是山水畫、愛情詩、宋詞和宋瓷。而不是那些愛發議論的宋詩，不是鮮豔俗麗的唐三彩。這時，不但教人膜拜的宗教畫已經衰落，甚至峨冠高髻的人物畫也退居次要，心靈的安適享受占據首位。不是對人世的征服進取，而是從人世的逃遁退避；不是人物或人格，更不是人的活動、事業，而是人的心情意緒成了藝術和美學的主題。如果再作一次比較，戰國秦漢的藝術，表現的是人對世界的鋪陳和征服；魏晉六朝的藝術，突出的是人的風神和思辨；盛唐是人的意氣和功業；那麼，這裡呈現的則是人的心境和意緒。與大而化之的唐詩相對應的是纖細柔媚的花間體和北宋詞。晚唐李商隱、溫庭筠的詩正是過渡的開始。胡應麟說，「盛唐句如海日生殘夜，江春入舊年；中唐句如風兼殘雪起，河帶斷冰流；晚唐句如雞聲茅店月，人跡板橋霜，皆形容景物，妙絕千古，而盛、中、晚界限斬然。故知文章關氣運，非人力。」(《詩藪》)區別到底何在呢？實際上乃是：盛唐以其對事功的嚮往而有廣闊的眼界和博大的氣勢；中唐是退縮和蕭瑟；晚唐則以其對日常生活的興致，而向詞過渡。這並非神祕的「氣

運」，正是社會時代的變異發展所使然。

　　在詞裡面，中、晚唐以來的這種時代心理終於找到了它的最合適的歸宿。內容決定形式。「花落子規啼，綠窗殘夢迷」；「夜夜夢魂休漫語，已知前事無尋處」；「風不定，人初靜，明日落紅應滿徑」……，這種種與「詩境」截然不同的「詞境」的創造，正是這一時期典型的審美音調。所謂「詞境」，也就是通過長短不齊的句型，更為具體、更為細緻、更為集中地刻畫抒寫出某種心情意緒。詩常一句一意或一境，整首涵義闊大，形象眾多；詞則常一首（或一闋）才一意或一境，形象細膩，含意微妙，它經常是通過對一般的、日常的、普通的自然景象（不是盛唐那種氣象萬千的景色事物）的白描來表現，從而也就使所描繪的對象、事物、情節更為具體、細緻、新巧，並塗有更濃厚更細膩的主觀感情色調，不同於較為籠統、渾厚、寬大的「詩境」。這也就是一些人所說的，詞「其感人也尤捷，無有遠近幽深，風之使來，是故比興之義，升降之故，視詩較著。」（譚獻：《復堂詞話》）「詩有賦比興，詞則比興多於賦。」（沈祥龍：《論詞隨筆》）人們各種細緻複雜的心境意緒通過景物各種微妙細緻的比興，客觀化地傳達出來，詞在這方面比詩確乎更為突出：

　　夢後樓臺高鎖，酒醒簾幕低垂；去年春恨卻來時，落花人獨立，微雨燕雙飛。……（晏幾道）
　　佇倚危樓風細細，望極春愁，黯黯生天際；草色煙光殘照裡，無言誰會憑欄意。擬把疏狂圖一醉，對酒當歌，強樂還無味；衣

帶漸寬終不悔，為伊消得人憔悴。（柳永）

漠漠輕寒上小樓，曉陰無賴似窮秋，淡煙流水畫屏幽。自在飛花輕似夢，無邊絲雨細如愁，寶簾閒掛小銀鈎。（秦觀）

這是詩中所沒有也不能看到的另一種境界，花輕似夢，雨細如愁，儘管境小而狹，卻巧而新，與日常生活也更親切接近。即使像「詩境」所常表達的家國愁、征夫恨，這時也以另一種更易動情的細膩形式表現出來：

珍珠簾捲玉樓空，天淡銀河垂地；年年今夜，月華如練，長是人千里。愁腸已斷無由醉，酒未到，先成淚；殘燈明滅枕頭倚，諳盡孤眠滋味；都來此事，眉間心上，無計相回避。（范仲淹）

綠樹聽鵜鴂，更那堪鷓鴣聲住，杜鵑聲切，啼到春歸無覓處，苦恨芳菲都歇！算未抵人間離別。……（辛棄疾）

「詞境」確乎尖新細窄，不及「詩境」闊大渾厚，然而這卻有如人的心情意緒與人的行動事功的差別一樣，各有其所長和特點。為什麼多少年來，好些青年男女更喜愛詞、接近詞，不正是因為這種形式和作品更親切、更細膩地表現、描寫了人們的各種（又特別是愛情）的心情意緒麼？

那麼詞的時代內容的特徵又是什麼呢？李商隱詩曰，「向晚意不適，驅車登古原。夕陽無限好，只是近黃昏」。日落黃昏，雲霞燦爛，五彩繽紛，眩人心目，但已無旭日東升時的蓬勃朝氣，也

不是日中天時候的耀眼光芒了，它正好與「向晚意不適」的心情相適應。以此來比擬五代、北宋詞倒是最合適不過的。不是麼？「浮生長恨歡娛少，肯愛千金輕一笑？為君持酒勸斜陽，且向花間留晚照！」「翠葉藏鶯，朱簾隔燕，爐香靜逐游絲轉；一場愁夢酒醒時，斜陽卻照深深院。」……既是那麼幽閑靜美，又總那麼百無聊賴、淡淡哀愁，追求那樣一種「汲汲顧景唯恐不及」似的歡樂，這不正是黃昏日落時的閑暇、歡樂和哀愁麼？不正是「淒涼日暮，無可如何」，儘管優閑，仍然傷感麼？

　　與從中唐經晚唐到北宋的這種藝術發展相吻合，在美學理論上突出來的就是對藝術風格、韻味的追求。所以，不是白居易的詩論，而恰好是司空圖的《詩品》，倒成為後期傳統社會真正優秀的藝術作品所體現的美學觀。它在《滄浪詩話》中獲得更為完整的理論形態。如果說，封建前期的美學代表作如鍾嶸《詩品》和劉勰《文心雕龍》，主要是講文藝創作的一些基本特徵，如「凡斯種種，感盪心靈，非陳詩何以展其義，非長歌何以騁其情」。「神用象通，情變所孕，物以貌求，心以理應」。那麼，傳統後期的美學代表作，如司空圖《詩品》和嚴羽《滄浪詩話》則進了一步，它更講究藝術作品必須達到某種審美風貌和意境（如「寥寥長風」，「蓬蓬遠春」，「落花無言，人淡如菊」）。後者比前者在強調文藝的特徵和創作規律上深入了一層。前者只講到「神與物遊」，後者卻要求「思與境諧」；前者是人格理想的樹立，後者是人生態度的追求。不只是要注意文藝創作的心理特徵，而且要求創造特定的各種藝術境界。文藝中韻味、意境、情趣的講究，成了美學

的中心。不再是前期文筆之分、體裁之別，而是理趣之分、神韻
之別成為關鍵。司空圖說，「近而不浮，遠而不盡，然後可以言韻
外之致耳」。他再三提出，「味外之旨」「象外之象」「景外之景」
「味在酸鹹之外」「可望而不可置於眉睫之前」，都是要求文藝去
捕捉、表達和創造出那種種可意會而不可言傳、難以形容卻動人
心魂的情感、意趣、心緒和韻味。這當然更不是模擬、複寫、認
識所能做到，它進一步突出了發展了中國美學傳統中的抒情、表
現的民族特徵。《滄浪詩話》完全承接了這一美學趣味，極力反對
「以才學為詩」，「以議論為詩」，「以文字為詩」，強調追求「興
趣」、「氣象」，強調「一味妙悟」，實際是更深入地接觸到藝術創
作的美學根本規律，如形象思維等問題。如果說，鍾嶸《詩品》
和《文心雕龍》還是與文藝理論混合在一起的美學；那麼，司空
圖《詩品》和《滄浪詩話》，就是更為純粹更為標準的美學了。如
果說，就文學理論的全面分析研究說，《文心》勝過《滄浪》；那
麼，就審美特徵的把握說，後者卻超過前者。《滄浪詩話》是可與
《樂記》（宗法社會的美學）、《文心雕龍》（封建前期美學）等並
列的中國美學專著。

關於《滄浪詩話》，素來有所爭論。例如它到底是崇李、杜
呢？還是崇王、孟？便是一個未解決的問題。應該說，嚴羽的審
美水平和感受能力是相當高明的。所以屈、陶、李、杜這些中國
詩史中的冠冕，當然為他所極口稱讚和推崇，認為這些作品是不
可比擬的：「漢魏尚矣，不假悟也」。嚴羽要求以漢魏盛唐為師，
所以應該說，他主觀上是更推崇提倡李、杜的。但是，上述的晚

唐北宋以來的歷史潮流和時代風會，卻使他實際上更著重去講求韻味，更重視藝術作品中的空靈、含蓄、平淡、自然的美。這些，也就使他在客觀上更傾向和吻合於王、孟。正如司空圖二十四品中雖首列「雄渾」，其客觀趨向卻更傾心於「沖淡」「含蓄」之類一樣。這都是上述那個矛盾趨向的發展和展現，是當時整個時代的文藝思潮的反映。司空圖與嚴羽相隔已數百年，居然有如一脈相傳，若合符契，其中的歷史必然消息，不是很清楚嗎？作品中的山水畫、宋詞，畫論中把「逸品」置於「神品」之上[3]，大捧陶潛，理論上的講神、趣、韻、味代替道、氣、理、法，無不體現出這一點。就拿雖為陶匠所燒、卻供士大夫所用的瓷器說，宋代講究的是細潔淨潤、色調單純、趣味高雅，它上與唐之鮮豔、下與明清之俗麗，都迥然不同。所有這些，體現出一個規律性的共同趨向，即追求韻味；而且彼此呼應協調，相互補充配合，成為一代美學風神。

---

3 宋初黃休復《益州名畫錄》強調逸品居神、妙、能三品之上，並日漸成為定論。

 蘇軾的意義

　　蘇軾正好是這一文藝思潮和美學趨向的典型代表。他作為詩、文、書、畫無所不能、異常聰明敏銳的文藝全才，是中國後期封建社會文人們最親切喜愛的對象。其實，蘇的文藝成就本身並不算太高，比起屈、陶、李、杜，要遜色一籌。畫的真跡不可復見，就其他說，則字不如詩文，詩文不如詞，詞的數量也並不算多。然而他在中國文藝史上卻有巨大影響，是美學史中重要人物，道理在哪裡呢？我認為，他的典型意義正在於，他是上述地主士大夫矛盾心情最早的鮮明人格化身。他把上述中晚唐開其端的進取與退隱的矛盾雙重心理發展到一個新的質變點。

　　蘇軾一方面是忠君愛國、學優而仕、抱負滿懷、謹守儒家思想的人物，無論是他的上皇帝書、熙寧變法的溫和保守立場，以及其他許多言行，都充分表現出這一點。這上與杜、白、韓，下與後代無數士大夫知識分子，均無不同，甚至有時還帶著似乎難以想像的正統迂腐氣（例如責備李白參加永王出兵事等等）。但要注意的是，蘇東坡留給後人的主要形象並不是這一面，而恰好是他的另一面。這後一面才是蘇之所以為蘇的關鍵所在。蘇一生並未退隱，也從未真正「歸田」，但他通過詩文所表達出來的那種人生空漠之感，卻比前人任何口頭上或事實上的「退隱」、「歸田」、

「遁世」要更深刻更沉重。因為，蘇軾詩文中所表達出來的這種「退隱」心緒，已不只是對政治的退避，而是一種對社會的退避；它不是對政治殺戮的恐懼哀傷，已不是「一為黃雀哀，涕下誰能禁」（阮籍），「榮華誠足貴，亦復可憐傷」（陶潛）那種具體的政治哀傷（儘管蘇也有這種哀傷），而是對整個人生、世上的紛紛擾擾究竟有何目的和意義這個根本問題的懷疑、厭倦和企求解脫與捨棄。這當然比前者又要深刻一層了。前者（對政治的退避）是可能做到的，後者（對社會的退避）實際上是不可能做到的，除了出家做和尚。然而做和尚也仍要穿衣吃飯，仍有苦惱，也仍然逃不出社會。這便成了一種無法解脫而又要求解脫的對整個人生的厭倦和感傷。如果可以說，在上篇中談到〈春江花月夜〉之類的對人生的自我意識只是少年時代的喟嘆，雖說感傷，並不覺重壓；那麼，這裡的情況就剛好相反，儘管沒多談，卻更感沉重，正是「而今識盡愁滋味，欲說還休，欲說還休，卻道天涼好個秋」。然而就在強顏歡笑中，不更透出那無可如何、黃昏日暮的沉重傷感麼？這種整個人生空漠之感，這種對整個存在、宇宙、人生、社會的懷疑、厭倦、無所希冀、無所寄托的深沉喟嘆，儘管不是那麼非常自覺，卻是蘇軾最早在文藝領域中把它充分透露出來的。著名的前後〈赤壁賦〉是直接議論這個問題的，文中那種人生感傷和強作慰藉以求超脫，都在一定程度和意義上表現了這一點。無論是「寄蜉蝣於天地，渺滄海之一粟」，「哀吾生之須臾，羨長江之無窮」的「提問」，或者是「自其變者而觀之，則天地曾不能以一瞬；自其不變者而觀之，則物與我皆無盡也」的「解

答」；無論是「惟江上之清風與山間之明月，……是造物者之無盡藏也，而吾與子之所共適」的「排遣」，或者是「道士顧笑，予亦驚悟，開戶視之，不見其處」的飄渺禪意，實際都與這種人生空漠、無所寄托之感深刻地聯在一起的。

蘇詞則更為含蓄而深沉地表現了它：

> 世路無窮，勞生有限，似此區區長鮮歡。微吟罷，憑征鞍無語，往事千端……

> 世事一場大夢，人生幾度凄涼，夜來風雨已鳴廊，看取眉頭鬢上……

> 驚起卻回頭，有恨無人省，揀盡寒枝不肯棲，寂寞沙洲冷……

> ……料峭春寒吹酒醒，微冷，山頭斜照卻相迎，回首向來蕭瑟處，歸去，也無風雨也無晴。

> 夜飲東坡醒復醉，歸來彷彿三更，家童鼻息已雷鳴；敲門都不應，倚杖聽江聲。常恨此身非我有，何時忘卻營營；夜闌風靜縠紋平，小舟從此逝，江海寄餘生。

宋人筆記中傳說，蘇作了上面所引的最後那首小詞後，「掛冠服江邊，拏舟長嘯去矣。郡守徐君猷聞之驚且懼，以為州失罪人，急命駕往謁，則子瞻鼻鼾如雷，猶未興也」（《石林避暑錄話》），

正睡大覺哩，根本沒去「江海寄餘生」。本來，又何必那樣呢？因為根本逃不掉這個人世大羅網。也許，只有在佛學禪宗中，勉強尋得一些安慰和解脫吧。正是這種對整體人生的空幻、悔悟、淡漠感，求超脫而未能，欲排遣反戲謔，使蘇軾奉儒家而出入佛老，談世事而頗作玄思；於是，行雲流水，初無定質，嬉笑怒罵，皆成文章；這裡沒有屈原、阮籍的憂憤，沒有李白、杜甫的豪誠，不似白居易的明朗，不似柳宗元的孤峭，當然更不像韓愈那樣盛氣凌人不可一世。蘇軾在美學上追求的是一種樸質無華、平淡自然的情趣韻味，一種退避社會、厭棄世間的人生理想和生活態度，反對矯揉造作和裝飾雕琢，並把這一切提到某種透徹了悟的哲理高度。無怪乎在古今詩人中，就只有陶潛最合蘇軾的標準了。只有「采菊東籬下，悠然見南山」，「此中有真味，欲辨已忘言」的陶淵明，才是蘇軾所願頂禮膜拜的對象。終唐之世，陶詩並不顯赫，甚至也未遭李、杜重視。直到蘇軾這裡，才被抬高到獨一無二的地步。並從此之後，地位便鞏固下來了。蘇軾發現了陶詩在極平淡樸質的形象意境中，所表達出來的美，把它看作是人生的真諦，藝術的極峰。千年以來，陶詩就一直以這種蘇化的面目流傳著。

　　蘇軾有一篇散文〈方山子傳〉，其中說：

　　方山子……庵居蔬食，不與世相聞，棄車馬，毀冠服，徒步往來，山中人莫識也。……然方山子世有勳閥，當得官，使從事於其間，今已顯聞，而其家在洛陽，園宅壯麗，與公侯等。河北

有田，歲得帛千匹，亦足以富樂，皆棄不取，獨來窮山中，此豈無得而然哉。余聞光黃間多異人，往往佯狂垢污，不可得而見，方山子儻見之歟？

這也許就是蘇軾的理想化了的人格標本吧。總之，不要富貴，不合流俗，在當時「太平盛世」，蘇軾卻憧憬這種任俠居山，棄冠服仕進的「異人」，不也如同他的詩詞一樣，表達著一種獨特的人生態度麼？

「人生到處知何似？應似飛鴻踏雪泥；泥上偶然留指爪，鴻飛那復計東西。」蘇軾傳達的就是這種攜帶某種禪意玄思的人生偶然的感喟。儘管蘇軾不斷地進行自我安慰，時時現出一付隨遇而安的「樂觀」情緒，「莫聽穿林打葉聲，何妨吟嘯且徐行」；「鬢微霜，又何妨」……；但與陶淵明、白居易等人畢竟不同，其中總深深地埋藏著某種要求徹底解脫的出世意念。無怪乎具有同樣敏銳眼光的朱熹最不滿意蘇軾了，他寧肯讚揚王安石，也絕不喜歡蘇東坡。王船山也是如此。他們都感受到蘇軾這一套對當時社會秩序具有潛在的破壞性。蘇東坡生得太早，他沒法做傳統社會的否定者，但他的這種美學理想和審美趣味，卻對從元畫、元曲到明中葉以來的浪漫主義思潮，起了重要的先驅作用。直到《紅樓夢》中的「悲涼之霧，遍布華林」，更是這一因素在新時代條件下的成果（參看本書〈明清文藝思潮〉）。蘇軾在後期傳統美學上的深遠的典型意義，其實就在這裡。

九、宋元山水意境

(一) 緣 起

如果說，雕塑藝術在六朝和唐達到了它的高峰；那麼，繪畫藝術的高峰則在宋、元。這裡講的繪畫，主要指山水畫。中國山水畫的成就超過了其他許多藝術部類，它與相隔數千年的青銅禮器交相輝映，同為世界藝術史上罕見的美的珍寶。

山水畫由來久遠。早在六朝，就有一些談論山水的畫論和「峰岫嶢嶷，雲林森渺」（宗炳：〈畫山水序〉）的具體描述。但究竟如何，已難知曉。如從傳為顧愷之的「洛神賦圖」、「女史箴」等摹本中的山樹背景和敦煌壁畫中的情況來看，當時所謂山水，無論是形象、技法、構圖，大概比當時的山水詩水平還要低。不但非常拙笨，山巒若土堆，樹木如拳臂，而且主要仍是作為人事環境的背景、符號，與人物、車馬、神怪因素交雜在一起的。《歷代名畫記》所說，「其畫山水，則群峰之勢，若鈿飾犀櫛，或水不容泛，或人大於山。率皆附以樹石，映帶其地，列植之狀，則若伸臂布指」云云，相當符合事實。這裡還談不上作為獨立審美意義的山水風景畫[1]。

隋、唐有所進展，但變化似乎不大。被題為「展子虔遊春圖」

---

1 參看滕固《唐宋繪畫史》。

的山水大概是偽品，並非隋作[2]。根據文獻記載，直到初唐也仍然是「狀石……如冰澌斧刃，繪樹則刷脈鏤葉，功倍愈出，不勝其色。」（張彥遠：《歷代名畫記》）情況開始重要變化，看來是在盛唐，所謂「山水之變，始於吳，成於二李」；所謂「李思訓數月之功，吳道子一日之跡」；所謂「所畫掩障，夜聞水聲」等等論述、傳說，當有所依據。主要作為宗教畫家的吳道子在山水畫上有重大獨創，「吳帶當風」的線的藝術大概在山水領域裡也開拓出一個新領域。後人說吳「有筆而無墨」。張彥遠《歷代名畫記》說，「吳生每畫，落筆便去，多使琰與張藏布色」，這種重線條而不重色彩的基本傾向擴展到山水領域，對後世起了重要影響。

　　山水畫的真正獨立，似應在中唐前後。隨著社會生活的重要變化和宗教意識的逐漸衰淡，人世景物從神的籠罩下慢慢解放出來，日漸獲有了自己的現實性格。正如人物（張萱、周昉）、牛馬（韓滉、韓幹）從宗教藝術中分化出來而有了專門畫家一樣，山水、樹石、花鳥也當作獨立的審美對象而被抒寫讚頌。「堂上不合生楓樹，怪底江山起煙霧」（杜甫）、「張璪畫松石，往往得神骨」（元稹），表明由盛唐而中唐，對自然景色、山水樹石的趣味欣賞和美的觀念已在走向畫面的獨立複製，獲有了自己的性格，不再只是作為人事的背景、環境而已了。但比起人物（如仕女）、牛馬來，山水景物作為藝術的主要題材和所達到的成熟水平，更晚得多。這是因為，人物、牛（農業社會的主要生產資料）馬（戰爭、

---

2 參看傅熹年〈關於展子虔遊春圖年代的探討〉，《文物》1978 年第 11 期。

行獵、車騎工具，上層人士熱愛的對象）顯然在社會生活中占有
更明確的地位，與人事關係更為直接，首先從宗教藝術中解脫出
來的當然是它們。所以，如果說繼宗教繪畫之後，仕女牛馬是中
唐以來的主題和高峰，那麼山水花鳥的成熟和高峰應屬宋代。誠
如宋人自己所評論：「若論佛道人物，仕女牛馬，則近不及古；若
論山水林石、花竹禽鳥，則古不及近。」（郭若虛：《圖畫見聞
志》）「本朝畫山水之學，為古今第一。」（邵博：《聞見後錄》）

　　審美興味和美的理想由具體人事、仕女牛馬轉到自然對象、
山水花鳥，當然不是一件偶然事情。它是歷史行徑、社會變異的
間接而曲折的反映。與中唐到北宋進入後期封建制度的社會變異
相適應，地主士大夫的心理狀況和審美趣味也在變異。經過中晚
唐的沉溺聲色繁華之後，士大夫們一方面仍然延續著這種沉溺（如
花間、北宋詞所反映），同時又日益陶醉在另一個美的世界之中，
這就是自然風景山水花鳥的世界。自然對象特別是山水風景，作
為這批人數眾多的世俗地主士大夫（不再只是少數門閥貴族）居
住、休息、遊玩、觀賞的環境，處在與他們現實生活親切依存的
社會關係之中。而他們的現實生活既不再是在門閥士族壓迫下要
求奮發進取的初盛唐時代，也不同於謝靈運伐山開路式的六朝貴
族的掠奪開發，基本是一種滿足於既得利益，希望長久保持和固
定，從而將整個封建農村理想化、牧歌化的生活、心情、思緒和
觀念。門閥勢族以其世襲的階級地位為榮，世俗地主則以官爵為
榮。這兩個階級對自然、農村、下層人民的關係、態度並不完全
一樣。二者的所謂「隱逸」的涵義和內容也不一樣。六朝門閥時

代的「隱逸」基本上是一種政治性的退避，宋元時代的「隱逸」
則是一種社會性的退避，它們的內容和意義有廣狹的不同（前者
狹而後者廣），從而與他們的「隱逸」生活直接相關的山水詩畫的
藝術趣味和審美觀念也有深淺的區別（前者淺而後者深）。不同於
少數門閥貴族，經由考試出身的大批士大夫常常由野而朝，由農
（富農、地主）而仕，由地方而京城，由鄉村而城市。這樣，丘
山溪壑、野店村居倒成了他們的榮華富貴、樓臺亭閣的一種心理
需要的補充和替換，一種情感上的回憶和追求，從而對這個階級
具有某種普遍的意義。「直以太平盛世，君親之心兩隆……，然則
林泉之志，煙霞之侶，夢寐在焉，耳目斷絕，今得妙手郁然出之，
不下堂筵，坐窮泉壑，猿聲鳥啼，依約在耳，山光水色，滉漾奪
目，此豈不快人意實獲我心哉，此世之所以貴夫畫山水之本意
也。」（郭熙、郭思：《林泉高致》）除去技術因素不計外，這正是
為何山水畫不成熟於莊園經濟盛行的六朝，卻反而成熟於城市生
活相當發達的宋代的緣故。這正如歐洲風景畫不成熟於中世紀反
而成熟於資本主義階段一樣。中國山水畫不是門閥貴族的藝術，
而是世俗地主的藝術。這個階級不像門閥地主與下層人民（即畫
面以所謂「漁樵」為代表的農民）那樣等級森嚴、隔絕嚴厲，宋
元山水畫所展現出來的題材、主題、思想情感比六朝以至唐代的
人物畫（如閻立本的帝王圖，張萱、周昉仕女圖等等），具有遠為
深厚的人民性和普遍性。但世俗地主階級作為占有者，與自然畢
竟處在一種閑散、休息、消極靜觀的關係之中，他們最多只能是
農村生活的享受者和欣賞者。這種社會階級的特徵也相當清晰地

折射在中國山水畫上：人與自然那種娛悅親切和牧歌式的寧靜，成為它的基本音調，即使點綴著負薪的樵夫、泛舟的漁父，也絕不是什麼勞動的頌歌，而仍然是一幅掩蓋了人間各種痛苦和不幸、懶洋洋、慢悠悠的農村生活的理想圖畫。「渡口只宜寂寂，人行須是疏疏」；「野橋寂寞，遙通竹塢人家；古寺蕭條，掩映松林佛塔。」蕭條寂寞而不頹唐，安寧平靜卻非死滅，「非無舟人，止無行人」，這才是「山居之意裕如也」，才符合世俗地主士大夫的生活、理想和審美觀念。

與現實生活相適應的哲學思潮，則可說是形成這種審美趣味的主觀因素。禪宗從中晚唐到北宋愈益流行，宗派眾多，公案精緻，完全戰勝了其他佛教派別。禪宗教義與中國傳統的老莊哲學對自然態度有相近之處，它們都採取了一種準泛神論的親近立場，要求自身與自然合為一體，希望從自然中吮吸靈感或了悟，來擺脫人事的羈縻，獲取心靈的解放。千秋永在的自然山水高於轉瞬即逝的人世豪華，順應自然勝過人工造作，丘園泉石長久於院落笙歌……。禪宗喻詩，當時已是風會時髦；以禪說畫（山水畫），也絕不會待明末董其昌的「畫禪室」才存在。它們早就有內在聯繫了，它們構成了中國山水畫發展成熟的思想條件。

「無我之境」

　　然而，延續千年的中國山水畫又不是一成不變的。明清不論，宋元山水便經歷了北宋（主要是前期）、南宋、元這樣三個里程，呈現出彼此不同的三種面貌和意境。

　　根據當時文獻，北宋山水以李成、關同、范寬三家為主要代表：「畫山水惟營丘李成、長安關同、華原范寬，……三家鼎峙百代，標程前古。」（《圖畫見聞志》）三家各有特徵：「夫氣象蕭疏，煙林清曠，……營丘之制也；石體堅凝，雜木豐茂，……關氏之風也；峰巒渾厚，勢狀雄強，……范氏之作也。」（同上）今人曾概括說，「關同的峭拔，李成的曠遠和范寬的雄傑，代表了宋初山水畫的三種風格」[3]。

　　值得注意的是，這三種不同風格主要來自對自己熟悉的自然地區環境的真實描寫，以至他們的追隨者們也多以地區為特色：「齊魯之士唯摹營丘，關陝之士唯摹范寬。」李成徙居青州，雖學於關同，能寫峰巒重疊，但其特點仍在描寫齊魯的煙雲平遠景色，所謂「煙林平遠之妙始自營丘」（《圖畫見聞志》），「成之為畫，……縮千里於咫尺，寫萬趣於指下，……林木稠薄，泉流清

---

3 童書業：《唐宋繪畫談叢》，中國古典藝術出版社，1958 年，第 48 頁。

淺，如就真景。」(《聖朝名畫評》)范寬則剛好相反：「李成之筆，近視如千里之遠，范寬之筆，遠望不離坐外。」(同上)表現的是「山從人面起，雲傍馬頭生」的關陝風景。范寬這種風格特點也來自他的艱苦寫生：「卜居於終南太華岩隈林麓之間，而覽其雲煙慘淡風月陰霧難狀之景，……則千岩萬壑，恍然如行山陰道中，雖盛暑中，凜凜然使人急欲挾纏也。」(《宣和畫譜》)

據說關、范、李三家都學五代畫家荊浩，荊作為北宋山水畫的領路人，正是以刻苦地熟悉所描繪的自然景色為重要特徵的：「太行山……因驚其異，遍而賞之。明明攜筆復就寫之，凡數萬本，方如其真。」(傳荊浩：《筆法記》)傳說是荊浩繼六朝謝赫關於人物畫的「六法」之後，提出山水畫的「六要」(氣、韻、思、景、筆、墨)，其核心是強調要在「形似」的基礎上表達出自然對象的生命，提出了「似」與「真」的關係問題：「畫者，畫也，度物象而取其真。……苟似可也，圖真不可及也。」「似者得其形，遺其氣，真者氣質俱盛。」(《筆法記》)提出了外在的形似並不等於真實，真實就要表達出內在的氣質韻味，這樣，「氣韻生動」這一產生於六朝、本是人物畫的審美標準，便推廣和轉移到山水畫領域來了。它獲得了新的內容和涵義，終於成為整個中國畫的美學特色：不滿足於追求事物的外在模擬和形似，要盡力表達出某種內在風神，這種風神又要求建立在對自然景色、對象的真實而又概括的觀察、把握和描繪的基礎之上。

所以，一方面是強調「氣韻」，以之作為首要的美學準則；另一方面又要求對自然景象作大量詳盡的觀察和對畫面構圖作細緻

嚴謹的安排。山如何，水如何，遠看如何，近看如何，春夏秋冬如何，陰晴寒暑如何，「四時之景不同也」，「朝暮之變者不同也」，非常重視自然景色隨著季節、氣候、時間、地區、位置、關係的不同而有不同，要求畫家精細準確地去觀察、把握和描繪。但是，雖求精細準確，又仍然具有較大的靈活性。日有朝暮，並不計時辰遲早；天有陰晴，卻不問光暗程度；地有江南北國山地水鄉，但仍不是一山一水的寫實。無論是季候、時日、地區、對象，既要求真實又要求有很大的概括性，這構成中國山水畫一大特徵。並且，「真山水如煙嵐，四時不同。春山淡冶而如笑，夏山蒼翠而如滴，秋山明淨而如妝，冬山慘淡而如睡，畫見其大意而不為刻畫之跡」。（《林泉高致》）可見，這是一種移入情感「見其大意」式的形象想像的真實，而不是直觀性的形體感覺的真實。所以，它並不造成如西畫那種感知幻覺中的真實感，而有更多的想像自由，毋寧是一種想像中的幻覺感。「山水有可行者，有可望者，有可遊者，有可居者，……但可行可望不如可居可遊之為得。」（同上）正是在這種審美趣味的要求下，中國山水畫並不採取透視法，不固定在一個視角，遠看近看均可，它不重視諸如光線明暗、陰影色彩的複雜多變之類，而重視具有一定穩定性的整體境界給人的情緒感染效果。這種效果不在具體景物對象的感覺知覺的真實，不在於「可望、可行」，而在於「可遊、可居」。「可遊可居」當然就不應是短暫的一時、一物、一景。「看此畫令人生此意，如真在此山中，此畫之景外意也。」（同上）即要求通過對自然景物的描繪，表達出整個生活、人生的環境、理想、情趣和氛圍。從而，

它所要求的就是一種比較廣闊長久的自然環境和生活境地的真實再現，而不是一時一景的「可望可行」的片刻感受。「楚塞三湘接，荊門九派通，江流天地外，山色有無中。郡色浮前浦，波瀾動遠空，襄陽好風日，留醉與山翁。」（王維詩）這種異常廣闊的整體性的「可遊、可居」的生活－人生－自然境界，正是中國山水畫去追求表現的美的理想。

　　這一特色完整地表現在客觀地整體地描繪自然的北宋（特別是前期）山水畫中，構成了宋元山水的第一種基本形象和藝術意境。畫面經常或山巒重疊，樹木繁複；或境地寬遠，視野開闊；或鋪天蓋地，豐盛錯綜；或一望無際，邈遠遼闊；或「巨嶂高壁，多多益壯」；或「溪橋漁浦，洲渚掩映」。這種基本塞滿畫面的、客觀的、全景整體性地描繪自然，使北宋山水畫富有一種深厚的意味，給予人們的審美感受寬泛、豐滿而不確定。它並不表現出也並不使觀賞者聯想起某種特定的或比較具體的詩意、思想或情感，卻仍然表現出、也使人清晰地感受到那整體自然與人生的牧歌式的親切關係，好像真是「可遊可居」在其中似的。在這好像是純客觀的自然描繪中，的確表達了一種生活的風神和人生的理想，又正因為它並不呈現更為確定、具體的「詩情畫意」或觀念意緒，這就使觀賞審美感受中的想像、情感、理解諸因素由於未引向固定方向，而更自由和寬泛。隨著全景性整體性的畫面可提供的眾多的範圍和對象，使人們在這種審美感受中去重新發現、抒發的餘地也就更大一些。它具有更為豐富的多義性，給予人們留連觀賞的時間和愉快也更持久。

　　這是繪畫藝術中高度發展了的「無我之境」。詩、畫以及小說等各類藝術中都有這種美的類型和藝術意境。所謂「無我」，不是說沒有藝術家個人情感思想在其中，而是說這種情感思想沒有直接外露，甚至有時藝術家在創作中也並不自覺意識到。它主要通過純客觀地描寫對象（不論是人間事件還是自然景物），終於傳達出作家的思想情感和主題思想。從而這種思想情感和主題思想經常也就更為寬泛、廣闊、多義而豐富。陶淵明的「曖曖遠人村，依依墟里煙，狗吠深巷中，雞鳴桑樹巔。」「采菊東籬下，悠然見南山。山氣日夕佳，飛鳥相與還。」等等便是這種優美的「無我之境」。它並沒有直接表露或抒發某種情感、思想，卻通過自然景物的客觀描寫，極為清晰地表達了作家的生活、環境、思想、情感。畫的「無我之境」由於根本沒有語詞，就比上述陶詩還要寬泛。但其中又並非沒有情感思想或觀念，它們仍然鮮明地傳達出對農村景物或山水自然的上述牧歌式的封建士大夫的美的理想和情感。面對它們，似乎是在想像的幻覺中面對一大片真山水。但又不是，而是面對處在小農業生產社會中為地主士大夫所理想化了的山水。五代和北宋的大量作品，無論是關同的「大嶺晴雲」、范寬的「谿山行旅」、「雪景寒林」，董源的「瀟湘圖」、「龍袖驕民圖」以及巨然、燕文貴、許道寧等等，都如此。他們客觀地整體地把握和描繪自然，表現出一種並無確定觀念、涵義和情感，從而具有多義性的無我之境。

　　在前述北宋三大家中，當時似以李成最享盛名[4]，但李成真跡早已失傳，宋代即有「無李論」之說。所傳荊浩、關同的作品

均尚欠成熟，燕、許等人又略遜一籌。因此，實際能作為北宋畫這第一種意境主要代表的，應是董源（他在後代也比李成更為著名）和范寬兩大家。一寫江南平遠真景，「尤工秋嵐遠景，多寫江南真山，不為奇峭之筆」[5]，以濃厚的抒情性的優美勝（董源）。一寫關陝峻嶺，以具有某種戲劇性的壯美勝（范寬）。它們是顯然不同的兩種美的風格，這種不同並不是南北兩宗之分，也非青綠水墨之異，而是由於客觀地整體性地描繪，表現了地域性自然景色的差別[6]。今天你遊江南或去關陝，所得到的自然美的欣賞、感受，也仍然是很不相同的，正如看董源或范寬的畫一樣。但它們儘管有著風格上的重要差異，又仍然同屬於上述「無我之境」的美學範疇。

 ## 細節忠實和詩意追求

隨著時代的發展變化，詩、畫中的美學趣味也在發展變化。

---

4 「凡稱山水者，必以（李）成為古今第一」《宣和畫譜》。「李成……古今一人」《澠池燕談》等等，宋代不絕書。

5 沈括：《夢溪筆談》。然《宣和畫譜》中有董畫「重巒絕壁，使人觀而壯之」的記載，今暫以傳世作品和一般評論為準。

6 童書業《唐宋繪畫談叢》已指出這點。

從北宋前期經後期過渡到南宋，「無我之境」逐漸在向「有我之境」推移。

這種遷移變異的行程，應該說，與古畫壇統治地位的院體畫派的作風有重要關係。以愉悅帝王為目的，甚至皇帝也親自參加創作的北宋宮廷畫院，在享有極度閑暇和優越條件之下，把追求細節的逼真寫實，發展到了頂峰。所謂「孔雀升高必先舉左」以及論月季四時朝暮、花蕊葉不同等故事[7]，說明在皇帝本人倡導下，這種細節真實的追求成了宮廷畫院的重要審美標準。於是，柔細纖纖的工筆花鳥很自然地成了這一標準的最好體現和獨步一時的藝壇冠冕。這自然也影響到山水畫[8]。儘管已開始有與此相對抗的所謂文人墨戲（以蘇軾為代表），但整個說來，上行下效，社會統治階級的意識經常是統治社會的意識，從院內到院外，這種追求細節真實日益成為畫壇的重要趨向和趣味。

與細節真實並行更值得重視的畫院的另一審美趣味，是對詩意的極力提倡。雖然以詩情入畫並非由此開始，傳說王維已是「畫中有詩」，但作為一種高級審美理想和藝術趣味的自覺提倡，並日益成為占據統治地位的美學標準，卻要從這裡算起。與上述的孔雀升高等故事同時也同樣著名的，是畫院用詩句作題目進行考試的種種故事。如「嫩綠枝頭紅一點，動人春色不須多」，「蝴蝶夢中家萬里」，「踏花歸去馬蹄香」等等（參看陳善《捫蝨新語》、鄧

---

7 見鄧椿《畫繼》。一般中國美術史書籍中均有引述。

8 參看滕固《唐宋繪畫史》第7章。

椿《畫繼》）。總之，是要求畫面表達詩意。中國詩素以含蓄為特徵，所謂「含不盡之意見於言外」，從而山水景物畫面如何能既含蓄又準確即恰到好處地達到這一點，便成了中心課題，為畫師們所不斷追求、揣摩。畫面的詩意追求開始成了中國山水畫的自覺的重要要求。「所試之題如野水無人渡，孤舟盡日橫，自第二人以下，多繫空舟岸側，或拳鷺於舷間，或棲鴉於蓬背；獨魁則不然，畫一舟人臥於舟尾，橫一孤笛，其意以為非無舟人，只無行人耳。」（《畫繼》）沒有行人，畫面可能產生某種荒涼感；「非無舟人，只無行人」[9]，才能準確而又含蓄地表達出一幅閑散、緩慢、寧靜、安逸、恰稱詩題的抒情氣氛和牧歌圖畫。又如「嘗試『竹鎖橋邊賣酒家』，人皆可以形容無不向酒家上著工夫，惟一善畫但於橋頭竹外掛一酒簾，書『酒』字而已，便見得酒家在竹內也」。（俞成：《螢雪叢說》）這當然是一幅恰符詩意、既含蓄又優美的山水畫。

　　宋代是以「郁郁乎文哉」著稱的，它大概是中國古代歷史上文化最發達的時期，上自皇帝本人、官僚巨宦，下到各級官吏和地主士紳，構成一個比唐代遠為龐大也更有文化教養的階級或階層。繪畫藝術上，細節的真實和詩意的追求是基本符合這個階級在「太平盛世」中發展起來的審美趣味的。但這不是從現實生活

---

9 注意不要把這種詩情畫意與「有我之境」、「無我之境」混同，無人並非「無我」，有人並非「有我」。又，本書所講此二境與王國維原意也並不相同。

中而主要是從書面詩詞中去尋求詩意，這是一種優雅而精細的趣味。

　　這種審美趣味在北宋後期即已形成，到南宋院體中到達最高水平和最佳狀態[10]。創造了與北宋前期山水畫很不相同的另一種類型的藝術意境。

　　如果看一下馬遠、夏珪以及南宋那許許多多的小品：「深堂琴趣」、「柳溪歸牧」、「寒江獨釣」、「風雨歸舟」、「秋江暝泊」、「雪江賣魚」、「雲關雪棧」、「春江帆飽」……，等等，這一特色便極為明顯。它們大都是在頗為工緻精細的、極有選擇的有限場景、對象、題材和布局中，傳達出抒情性非常濃厚的某一特定的詩情畫意來。細節真實和詩意追求正是它們的美學特色，與北宋前期那種整體而多義、豐滿而不細緻的情況很不一樣了。這裡不再是北宋那種氣勢雄渾邈遠的客觀山水，不再是那種異常繁複雜多的整體面貌；相反，更經常出現的是頗有選擇取捨地從某個角度、某一局部、某些對象甚或某個對象的某一部分出發的著意經營，安排位置，苦心孤詣，在對這些遠為有限的對象的細節忠實描繪裡，表達出某種較為確定的詩趣、情調、思緒、感受。它不再像前一時期那樣寬泛多義，不再是一般的「春山煙雲連綿人欣欣，夏山嘉木繁陰人坦坦……」，而是要求得更具體和更分化了。儘管標題可以基本相同，由畫面展示出來的情調詩意卻並不完全一樣。被稱為「剩水殘山」的馬、夏[11]，便是典型代表。應該說，比起

---

10 從郭熙到趙令穰到李唐，則可視為南北宋的逐漸過渡。

北宋那種意境來，題材、對象、場景、畫面是小多了，一角山岩、半截樹枝都成了重要內容，占據了很大畫面，但刻畫卻精巧細緻多了，自覺的抒情詩意也更為濃厚、鮮明了。像被稱為「馬一角」的馬遠的山水小幅裡，空間感非常突出，畫面大部分是空白或遠水平野，只一角有一點點畫，令人看來遼闊無垠而心曠神怡。誰能不在馬、夏的「剩水殘山」和南宋那些小品前蕩漾出各種輕柔優美的愉快感受呢？南宋山水畫把人們審美感受中的想像、情感、理解諸因素引向更為確定的方向，導向更為明確的意念或主題，這就是宋元山水畫發展歷程中的第二種藝術意境。

這是不是「有我之境」呢？是，又不是。相對於第一種意境，可以說是：藝術家的主觀情感、觀念在這裡有更多的直接表露。但相對於下一階段來說，它又不是：因為無論在對對象的忠實描寫上，或抒發主觀情感觀念上，它仍然保持了比較客觀的態度。詩意的追求和情感的抒發，儘管比北宋山水遠為自覺和突出，但基本仍從屬於對自然景色的真實再現的前提之下。所以，它處在「無我之境」到「有我之境」的過渡行程之中，是厚重的院體畫而非意氣的文人畫。它基本仍應屬「無我之境」。

宋畫中這第二種藝術意境是一種重要的開拓。無論從內容到形式，都大大豐富發展了中國民族的美學傳統，作出了重要貢獻。詩意追求和細節真實的同時並舉，使後者沒有流於庸俗和呆板（「匠氣」），使前者沒有流於空疏和抽象（「書卷氣」）。相反，從

---

11 馬、夏也能作巨幅或整體山水，本文是就其公認的獨創而言。

形似中求神似，由有限（畫面）中出無限（詩情），與詩文發展趨勢相同，日益成為整個中國藝術的基本美學準則和特色。對稱走向均衡，空間更具意義，以少勝多，以虛代實，計白當黑，以一當十，日益成為藝術高度發展的形式、技巧和手法。講究的是「虛實相生，無畫處均成妙境」，（笪重光：《畫筌》）這與「意在言外」、「此時無聲勝有聲」完全一致。並且，由於這種山水是選擇頗有局限的自然景色的某個部分某些對象，北宋畫那種地域性的不同特色便明顯消退。哪裡沒有一角山水、半截樹枝呢？哪裡沒有小橋流水、孤舟獨釣呢？哪裡沒有春江秋月、風雨歸舟呢？描繪的具體景物儘管小一些，普遍性反而更大了。抒發的情感觀念儘管更確定一些，卻更鮮明更濃烈了。它們確乎做到了「狀難言之景列於目前，含不盡之意溢出畫面」，創造了中國山水畫另一極高成就。北宋渾厚的、整體的、全景的山水，變而為南宋精巧的、詩意的、特寫的山水，前者以雄渾、遼闊、崇高勝，後者以秀麗、工緻、優美勝。兩美並峙，各領千秋。

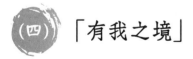

（四）「有我之境」

明代王世貞在總結宋元山水畫時說，「山水畫至大、小李一變也，荊、關、董、巨又一變也，李成、范寬又一變也，劉（松

年）、李（唐）、馬、夏又一變也，大痴（黃公望）、黃鶴（王蒙）
又一變也」。（《藝苑卮言》）大、小李屬於唐代，情況不明。荊、
關、董、巨和李成、范寬實屬同代，即本文所說的第一種意境的
北宋山水。劉、李是連接南北宋的，他們似可與馬、夏列入一類，
即上述第二種意境的南宋山水。最後一變則是元四家。其實，如
後世所公認，大痴、黃鶴不如倪雲林更能作為元四家（元畫）的
主要代表，亦即宋元山水中第三種藝術意境——「有我之境」的
代表。

　　元畫與宋畫有極大不同。無論從哪一方面或角度，都可以指
出一大堆的差異。然而最重要的差異似應是由於社會急劇變化帶
來的審美趣味的變異。蒙古族進據中原和江南，嚴重破壞了生產
力，大量漢族地主知識分子（特別是江南士人）也蒙受極大的屈
辱和壓迫，其中一部分人或被迫或自願放棄「學優則仕」的傳統
道路，把時間、精力和情感思想寄托在文學藝術上。山水畫也成
為這種寄托的領域之一。院體畫隨著趙宋王朝的覆滅而衰落、消
失，山水畫的領導權和審美趣味由宋代的宮廷畫院，終於在社會
條件的變異下，落到元代的在野士大夫知識分子——亦即文人手
中了。「文人畫」正式確立。儘管後人總愛把它的源頭追溯到蘇
軾、米芾等人，南宋大概也確有一些已經失傳的不同於院體的文
人畫，但從歷史整體情況和現存作品實際看，它作為一種體現時
代精神的潮流出現在繪畫藝術上，似仍應從元——並且是元四家
算起。

　　所謂「文人畫」，當然有其基本特徵。這首先是文學趣味的異

常突出。上述第二種意境可說是形似與神似、寫實與詩意的融合統一，矛盾雙方處在和諧狀態之中。但形與神、對象（境）與主觀（意）這對矛盾的繼續發展，在元代這種社會氛圍和文人心理的條件下，便使後者絕對壓倒前者而直接表露，走到與北宋恰好相反的境地：形似與寫實迅速被放在很次要的地位，極力強調的是主觀的意興心緒。中國繪畫中一貫講求的「氣韻生動」的美學基本原則，到這裡不再放在客觀對象上，而完全是放在主觀意興上。這個本是作為表達人的精神面貌的人物畫的標準，從此以後，倒反而成了表達人的主觀意興情緒的山水畫的標準（而這些文人畫家也大多不再畫人物了）。《藝苑巵言》說，「人物以形模為先，氣韻超乎其表；山水以氣韻為主，形模寓乎其中」。這就不但完全忘懷了歷史的來由，而且也把「形模」在山水畫中的地位和意義放在非常次要以至附屬的地位，與北宋初年那樣講究寫真、形似，成了鮮明對比。倪雲林一再說：「僕之所謂畫者，不過逸筆草草，不求形似，聊以自娛耳。」「余之竹聊以為寫胸中之逸氣耳，豈復較其似與非。」吳鎮也說：「墨戲之作，蓋士大夫詞翰之餘，適一時之興趣。」[12] 這樣一種美學指導思想，是宋畫主流（無論北宋或南宋）所沒有的。

與文學趣味相平行，並具體體現這一趣味構成元畫特色的是，對筆墨的突出強調。這是中國繪畫藝術又一次創造性的發展，元畫也因此才獲得了它所獨有的審美成就。就是說，在文人畫家看

---

12 見《鐵網珊瑚》，轉引自陳衡恪《文人畫之價值》。

來，繪畫的美不僅在於描繪自然，而且在於或更在於描畫本身的
線條、色彩亦即所謂筆墨本身。筆墨可以具有不依存於表現對象
（景物）的相對獨立的美。它不僅是種形式美、結構美，而且在
這形式結構中能傳達出人的種種主觀精神境界、「氣韻」、「興味」。
這樣，就把中國的線的藝術傳統推上了它的最高階段。本來，自
原始陶器紋飾、青銅禮器和金文（大篆）小篆以來，線始終是中
國造型藝術的主要審美因素。在人物畫中有所謂「鐵線描」、「蓴
菜描」、「曹衣出水」、「吳帶當風」……，都是說的線條的美。中
國獨有的書法藝術，便是這種高度發達了的線條美（參看本書〈先
秦理性精神〉、〈盛唐之音〉）。正是這時，書法與繪畫密切結合起
來。從元畫開始，強調筆墨，重視書法趣味，成為一大特色。這
不能如某些論著簡單斥之為形式主義，恰好相反，它表現了一種
淨化了的審美趣味和美的理想。線條自身的流動轉折，墨色自身
的濃淡、位置，它們所傳達出來的情感、力量、意興、氣勢、時
空感[13]，構成了重要的美的境界。這本身也正是一種淨化了的「有
意味的形式」。任何逼真的攝影所以不能替代繪畫，其實正在於後
者有筆墨本身的審美意義在。它是自然界所不具有，而是經由人
們長期提煉、概括、創造出來的美。元代名畫家名書家趙孟頫說：
「石如飛白木如籀，寫竹還應八法通。若也有人能會此，須知書
畫本來同。」（〈郁逢慶書畫題跋記〉）畫師、書家兼詩人，一身三
任焉，自茲成為對中國山水畫的一種基本要求和理想。

---

13 參看宗白華〈中國詩畫中所表現的空間感〉，《新中華》第 10 卷第 10 期。

與此相輔而行，從元畫大興的另一中國畫的獨有現象，是畫上題字作詩，以詩文來直接配合畫面，相互補充和結合。這是唐、宋和外國都少有和不可能有的。唐人題款常藏於石隙樹根處（與外國同），宋人開始了寫字題詩，但一般不使之過分侵占畫面，影響對畫面——自然風景的欣賞。元人則大不同，畫面上的題詩寫字有時多達百字十數行，占據了很大畫面，有意識地使它成為整個構圖的重要組成部分。這一方面是使書、畫兩者以同樣的線條美來彼此配合呼應，更重要的一面，是通過文字所明確表述的涵義，來加重畫面的文學趣味和詩情畫意。因之「元人工書，雖侵畫位，彌覺其雋雅。」（錢杜：《松壺畫憶》）這種用書法文字和朱紅印章來配合補充畫面，成了中國藝術的獨特傳統。它們或平衡布局，或彌補散漫，或增加氣氛，或強化變換，不大的紅色印章在一片水墨中更增添了沉著、鮮明和力量。所有這些都極為深刻而靈活地加強了繪畫藝術的審美因素。

與此同時，水墨畫也就從此壓倒青綠山水，居於畫壇統治地位。雖然早有人說：「草木敷榮，不待丹綠之采；雲雪飄揚，不待鉛粉而白；山不待空青而翠，鳳不待五色而粹。是故運墨而五色俱，謂之得意。」（《歷代名畫記》）但真正實現這一理想的，畢竟是講求筆墨趣味的元畫。正因為通過線的飛沉澀放，墨的枯濕濃淡，點的稠稀縱橫，皴的披麻斧劈，就足以描繪對象，托出氣氛，表述心意，傳達興味、觀念，從而也就不需要也不必去如何真實於自然景物本身的色彩的塗繪和線形的勾勒了。吳鎮引陳與義詩說，「意足不求顏色似，前身相馬九方皋」。九方皋相馬正是求其

神態而「不辨玄黃牝牡」的形象細節的。

　　既然重點已不在客觀對象（無論是整體或細部）的忠實再現，而在精煉深永的筆墨意趣，畫面也就不必去追求自然景物的多樣（北宋）或精巧（南宋），而只在如何通過或借助某些自然景物、形象以筆墨趣味來傳達出藝術家主觀的心緒觀念就夠了。因之，元畫使人的審美感受中的想像、情感、理解諸因素，便不再是宋畫那種導向，而是更為明確的「表現」了。畫面景物可以非常平凡簡單，但意興情趣卻很濃厚。「宋人寫樹，千曲百折，……至元時大痴仲奎（吳鎮）一變為簡率，愈簡愈佳。」（錢杜：《松壺畫憶》）「層巒疊翠如歌行長篇，遠山疏麓如五七言絕，愈簡愈入深永。」（沈顥：《畫塵》）「山水之勝，得之目，寓諸心，而形於筆墨之間者，無非興而已矣。」（沈周：《書畫匯考》）「遠山一起一伏則有勢，疏林或高或下則有情。」（董其昌：《畫禪室隨筆》）自然對象山水景物完全成了發揮主觀情緒意興的手段。在這方面，倪雲林當然要算典型。你看，他總是幾棵小樹、一個茅亭、遠抹平坡、半枝風竹，這裡沒有人物，沒有動態，然而在這些極其普遍常見的簡單景色中，通過精煉的筆墨，卻傳達出閑適無奈、淡淡哀愁和一種地老天荒式的寂寞和沉默。在這種「有意無意，若淡若疏」極為簡練的筆墨趣味中，構成一種思想情感的美。「元人幽亭秀木，自在化工之外，一種靈氣。惟其品若天際冥鴻，故出筆便如哀弦急管，聲情並集，非大地歡樂場中可得而擬議者也。」（惲壽平：《南田論畫》）「至平、至淡、至無意，而實有所不能不盡者。」（惲向：《寶迂齋書畫錄》）所謂「不能不盡者」，所謂「一

種靈氣」，當然不是指客體自然景物，而是指主觀的心緒情感和觀念。如上所述，自然景物不過是通過筆墨藉以表達這種「不能不盡」的主觀心意「靈氣」罷了[14]。

這當然是標準的「有我之境」。早在宋代，歐陽修便說過，「蕭條淡泊，此難畫之意，……故飛走遲速，意淺之物易見，而閑和嚴靜，趣遠之心難形。」王安石也說，「欲寄荒寒無善畫」。所謂「蕭條淡泊」「閑和嚴靜，趣遠之心」以及「欲寄荒寒」等等，都主要是指心境和意緒。自然界或山水本身並無所謂「蕭條淡泊」、「閑和嚴靜」，因之要通過自然山水來傳達出這種種主觀心境意緒，本是一件非常困難的事情，這一困難終於由元畫創造性地解決了。它開拓了宋元山水畫中的第三種意境，與上述北宋、南宋三分鼎足，各擅勝場。

這裡當然也就無所謂整體性還是細節性，地域性還是普遍性，繁複還是精細等等問題。元四家中如黃公望、王蒙，或以長軸山水（如「富春山居圖」），或以山岩重疊（如「青卞隱居圖」）著稱，比起倪雲林，他們所描繪的自然是更為遼闊或濃密的，但其美學特徵和藝術意境卻與倪雲林一樣，同樣是追求筆墨、講究意趣的元畫，同樣是所謂蕭疏淡雅，同樣是「有我之境」。

這種「有我之境」發展到明清，便形成一股浪漫主義的巨大洪流。在倪雲林等元人那裡，形似基本還存在，對自然景物的描繪基本仍是忠實再現的，所謂「豈復較其似與不似」，乃屬誇張之

---

14 當時繪畫以紙代絹，則是筆墨趣味迅速發展的工具上的條件和原因。

詞。到明清的石濤、朱耷以至揚州八怪，形似便被進一步拋棄，主觀的意興心緒壓倒了一切，並且藝術家的個性特徵也空前地突出了。這種個性，元畫只有萌芽，宋人基本沒有，要到明清和近代才有了充分的分化和發展。

　　從美學理論看，情況與藝術實踐的歷史行程大體一致。宋代繪畫強調的是「師造化」、「理」、「法」和「傳神」，講究畫面的位置經營。「有條則不紊」，「有緒則不雜」，「因性之自然，究物之微妙」。（《山水純全集》）元代強調的則是「法心源」、「趣」、「興」和「寫意」。「畫者當以意寫之」，「高人勝士寄興寫意者，慎不可以形似求之。」（湯垕：《畫鑒》）宋元畫的這種區別，前人也早已這樣概括指出：「東坡有詩曰，『論畫以形似，見與兒童鄰，作詩必此詩，定是非詩人』。余曰，此元畫也。晁以道詩云，『畫寫物外形，要物形不改；詩傳畫外意，貴有畫中態』，余曰此宋畫也。」（董其昌：《畫旨》）宋畫是「先觀其氣象，後盡其去就，次根其意，終求其理。」（《聖朝名畫評》）元畫則是「先觀天真，次觀筆意，相對忘筆墨之跡，方為得趣。」（《畫鑒》）從作品到理論，它們的區別差異都是很明白的。這些區別正是美學上「無我之境」和「有我之境」的種種表現。

　　在講雕塑時，我曾分出三種類型的美（參看〈佛陀世容〉）。上章講詞時，也指出詩境、詞境之別，其實還應加上「曲境」。如所指出，詩境深厚寬大，詞境精工細巧，但二者仍均重含而不露，神餘言外，使人一唱三嘆，玩味無窮。曲境則不然，它以酣暢明達、直率痛快為能事，詩多「無我之境」，詞多「有我之境」，曲

則大都是非常突出的「有我之境」。它們約略相當於山水畫的這三種境界（當然這只在某種極為限定的意義上來說）。「夜闌更秉燭，相對如夢寐」是詩，「今宵剩把銀釭照，猶恐相逢在夢中」是詞。「小樓一夜聽春雨，深巷明朝賣杏花」是詩，「杏花疏影裡，吹笛到天明」是詞，「覺來紅日上窗紗，聽街頭賣杏花」是曲。「寒鴉千萬點，流水繞孤村」是詩（但此詩已帶詞意），「斜陽外，寒鴉數點，流水繞孤村」是詞，「枯藤老樹昏鴉，小橋流水人家，古道西風瘦馬」是曲。儘管構思、形象、主題十分接近或相似，但藝術意境卻仍然不同，它們是各不相同的「有意味的形式」。詩境厚重，詞境尖新，曲境暢達，各有其美，不可替代。雕塑的三類型、詩詞曲的三境界、山水畫的三意境，確有某種近似而相通的普遍規律在[15]。當然，所有這些區分都只是相對的、大體的，不可當作公式，刻板以求。並不是任何作品或作家都一定能納入某一類之中，有的可以是過渡，有的可以是二者的綜合，或恰好介乎二類之間，如此等等……。世界是複雜的，理論上的種種區劃、分析，是為了幫助而不是去束縛對藝術品的觀賞和研究。

　　如同雕塑、文學一樣，宋元山水三種意境中也均各有其優秀和拙劣、成功和失敗的作品，各人也可隨自己的興趣、傾向而有偏愛偏好。

---

15 在歐洲，斯泰因夫人、席勒、羅斯金等人提出的古典的與浪漫的、樸素詩與感傷詩等等，也與此相接近，可能這是一種藝術變化的普遍規律。

十、明清文藝思潮

（一）市民文藝

　　縱觀前面，如可說漢代文藝反映了事功、行動，魏晉風度、北朝雕塑表現了精神、思辨，唐詩宋詞、宋元山水展示了襟懷、意緒，那麼，以小說戲曲為代表的明清文藝所描繪的卻是世俗人情。這是又一個廣闊的對象世界，但已不是漢代藝術中的自然征服，不是那古代蠻勇力量的凱旋，而完全是近代市井的生活散文，是一幅幅平淡無奇卻五花八門、多彩多姿的社會風習圖畫。

　　從「清明上河圖」，便可以看出宋代城市的繁盛。以汴京為中心，以原五代十國京都為基礎的地方城市，在當時已構成了一個相當發達的國內商業、交通網。商人地主、市民階級已在逐漸形成。雖然經元代的逆轉，但到明中葉，這一「資本主義」的因素（或萌芽）卻更形確定。表現在意識形態各領域，尤為明顯。唐代寺院的「俗講」，演變和普及為宋代民間的「平話」。而從嘉靖到乾隆，則無論在哲學、文學、藝術以及社會政治思想上，都是波瀾起伏、流派眾多，一環接一環地在發展、變遷或萎縮。其中的規律頗值深探。這是一個異常複雜困難而極有興味的問題，本書暫只能因陋就簡、掛一漏萬地描述一點表面現象。

　　哲學是時代的靈魂。反映時代這一重大的內在脈搏，從講究事功的陳亮、葉適到提出「工商皆本」的黃梨洲和反對「以理殺

人」的戴震，其中包括從李贄到唐甄許多進步的思想家，這是一股作為儒學異端出現、具有近代解放因素的民主思想。另一條線則是從張載到羅欽順到王夫之、顏元，這是以儒學正宗面目出現、具有更多哲理思辨性質的進步學派。這兩條線有某種差異甚至矛盾，但客觀上卻不謀而合地或毀壞、或批判封建統治傳統，它們在明清之際共同構成了巨大啟蒙思潮。後者（可以王夫之為代表）大抵以地主階級反對派為背景，具有某種總結歷史的深刻意味；前者（可以李贄為代表）則更鮮明地具有市民一資本主義的性質（它在經濟領域是否存在尚可研究，但在意識形態似很明顯），它的破壞封建舊制度的作用和力量也更為巨大。在文藝領域裡，前者也具有更為直接更為重要的影響。它們與當時的文學藝術是在同一塊土壤基礎上開出的花朵。

文藝畢竟走在前頭，開時代風氣之先。在宋代平話，就已有所謂「煙粉」、「靈怪」、「傳奇」、「公案」以及「講史」等等類別，說明這種以廣大市民為對象的近代說唱文學已擁有廣闊的題材園地。它與六朝志怪或唐人小說已經很少相同了。它不是以單純的獵奇或文筆的華麗來供少數貴族們思辨或閱讀，而是以描述生活的真實來供廣大聽眾消閑取悅。儘管從文詞的文學水平和成就看，似乎並無可取，然而，其實際的藝術效果卻相當可觀，應該說已經超過了以前任何貴族文藝。例如，宋平話就已經是：

說國賊懷奸從佞，遣愚夫等輩生嗔；說忠臣負屈銜冤，鐵心腸也須下淚。講鬼怪，令羽士心寒膽戰；論閨怨，遣佳人綠慘紅

愁。說人頭廝挺，令羽士快心，言兩陣對圓，使雄夫壯志。（《新編醉翁談錄》卷之一）

　　這種世俗文學的審美效果顯然與傳統的詩詞歌賦，有了性質上重大差異，藝術形式的美感遜色於生活內容的欣賞，高雅的趣味讓路於世俗的真實。這條文藝河谷發展到明中葉，便由涓涓細流匯為江湖河海，由口頭的說唱發展為正式的書面語言。以《喻世明言》、《警世通言》、《醒世恆言》和初二刻《拍案驚奇》為代表，標誌著這種市民文學所達到的繁榮頂點，具有了自己的面貌、性格和特徵，對近代影響甚巨。它們的選本《今古奇觀》便流傳三百餘年而歷久不衰。正如這個選本的序言所說，這些作品確乎是「極摹人情世態之歧，備寫悲歡離合之致」，把當時由商業繁榮所帶給封建秩序的侵蝕中的社會，作了多方面的廣泛描繪。多種多樣的人物、故事、情節都被揭示展覽出來，儘管它們像漢代浮雕似地那樣薄而淺，然而它所呈現給人們的，卻已不是粗線條勾勒的神人同一、叫人膜拜的古典世界，而是有現實人情味的世俗日常生活了。對人情世俗的津津玩味，對榮華富貴的欽羨渴望，對性的解放的企望欲求，對「公案」、神怪的廣泛興趣，……儘管這裡充滿了小市民種種庸俗、低級、淺薄、無聊，儘管這遠不及上層文人士大夫藝術趣味那麼高級、純粹和優雅，但它們倒是有生命活力的新生意識，是對長期封建王國和儒學正統的侵襲破壞。它們有如《十日談》之類的作品出現於歐洲文藝復興時代一樣。

　　其中一個流行而突出的題材或主題，是普通男女之間的性愛。

這種題材在唐詩和以前文藝中並無重要地位，在宋詞中則主要是作為與勾欄妓女有關的詠嘆（例如柳永的某些作品），但已開始表現出某種平等而真摯的男女情愛，特別是青年女性對愛情的熱情、留戀、執著和忠誠，得到了肯定性的抒寫描畫，反映出婦女不只是作為貴族們的玩物，而有了人的地位。隨著商業經濟空前發達和城市生活的高度繁榮，自然生理的性愛題材日益取得社會性的意義和內容，自願的、平等的、互愛的男女情熱，具有衝破重重封建禮俗去爭取自由的價值和意義。或者是一見傾心而生死不渝，或者是歷經曲折終成眷屬，或者是始亂終棄結局悲慘，或者是肉慾橫流追求淫蕩，從〈賣油郎獨占花魁〉、〈杜十娘怒沉百寶箱〉到〈喬太守亂點鴛鴦譜〉、〈玉堂春落難尋夫〉到〈任君用恣樂深閨〉……，形形色色，五光十彩。其中，有對獻身純真愛情的歌頌讚揚，有對封建婚姻的諷刺嘲笑，有對負心男子的鞭撻譴責，也有對色情荒淫的欣賞玩味……。總之，這裡的思想、意念、人物、形象、題材、主題，已大不同於封建文藝和文人士大夫的傳統。它既來源於說唱文學，滿足的對象是一般「市井小民」，也就使它成為世俗生活的風習畫廊。在這個畫廊中，男女性愛並非唯一主題，所展開的是世俗生活的多方面，這裡有公正的義士、善良的武生，有貪婪殘暴的縣丞、奸邪陰險的權貴，……由於社會開始孕育著從封建母胎裡的解懷，個人的際遇、遭逢、前途和命運逐漸失去獨一無二的原有模式，各色人物都在為自己奮鬥，或經商致富，或投考中舉，或白首窮經竟一無所獲，或巧遇良機而頓致富貴。一方面是追求，另一方面是機遇，封建秩序的削弱、

階級關係的變遷使現實社會中個人道路的多樣化趨勢在萌芽,使現實生活的偶然性與必然性的關係更為豐富而複雜。雖然還談不上個性解放,但在這些世俗小說中已可窺見對個人命運的關注。從思想意識說,這裡有對邪惡的唾罵和對美德的讚揚,同時也有對宿命的宣揚和對因果報應、逆來順受的渲染。總之某種近代現實性世俗性與腐朽庸俗的傳統落後意識滲透、交錯與混合,是這種初興市民文學的一個基本特徵。這裡沒有遠大的思想、深刻的內容,也沒有真正抱負雄偉的主角和突出的個性、激昂的熱情。它們是一些平淡無奇、然而卻比較真實和豐富的世俗的或幻想的故事。

由於它們由說唱演化而來,為了滿足聽眾的要求,重視情節的曲折和細節的豐富,成為這一文學在藝術上的重要發展。具有曲折的情節吸引力量,和具有如臨其境如見其人的細節真實性,構成說唱者及其作品成敗的關鍵。從而如何構思、選擇、安排情節,使之具有戲劇性,在人意中又出人意外;如何概括地模擬描寫事物,聽來逼真而又不嫌繁瑣;不是去追求人物性格的典型性而是追求情節的合理、述說的逼真,不是去刻畫事物而是去重視故事,在人情世態、悲歡離合的場合境遇中,顯出故事的合理和真實來引人入勝,便成為目標所在。也正是這些奠定了中國小說的民族風格和藝術特點。

與宋明話本、擬話本並行發展的是戲曲。元代少數民族入主中原造成了經濟、文化的倒退,卻也創造了文人士大夫階層與民間文學結合的環境。它的成果就是反映生活、內容豐滿的著名的

元代雜劇。關漢卿、王實甫、白樸、馬致遠四大家成為一代文學正宗，《竇娥冤》、《西廂記》、《牆頭馬上》等等成為至今流傳的傳統劇目。到明中葉以後，傳奇的大量湧現，把戲曲推上一個新的階段。除了文學上的意義外，更重要的是，它已發展和定形為一種由說唱、表演、音樂、舞蹈相結合的綜合藝術，創造了中國民族特色的戲曲形式的藝術美。直到崑曲和京劇，在所謂唱、念、做、打中，把這種美推到了爐火純青無與倫比的典範高度。像崑曲，以風流瀟灑、多情善感的小生、小旦為主角，以精工細作的姿態唱腔來刻畫心理、情意，配以優美文詞，相當突出地表現了一代風神。

這是一種經過高度提煉的美的精華。千錘百鍊的唱腔設計，一舉手一投足的舞蹈化的程式動作，雕塑性的亮相，象徵性、示意性的環境布置，異常簡潔明瞭的情節交代，高度選擇的戲劇衝突（經常是能激起巨大心理反響的倫理衝突），使內容和形式交融無間，而特別突出了積澱了內容要求的形式美。這已不是簡單的均衡對稱、變化統一的外在形式美，而是與內容、意義交織在一起。如京劇的吐字，就不光是一個外在形式美問題，而且要求與內容涵義的表達有所交融（所謂「聲情」與「詞情」等等）。但其中，外在形式美又仍然占有極重要的地位。中國戲曲儘管以再現的文學劇本為內容，卻通過音樂、舞蹈、唱腔、表演，把作為中國文藝的靈魂的抒情特性和線的藝術，發展到又一個空前絕後、獨一無二的綜合境界。它實際上並不以文學內容而是以藝術形式取勝，也就是說以美取勝。

　　能不對崑曲、京劇中那種種優美的唱段唱腔心醉動懷？能不對那裊裊輕煙般的出場入場、連行程也化為 S 形──荷伽斯(Hogarth)的最美線條的優雅動作姿態嘆為觀止？高度提煉、概括而又豐富具體，已經程式化而又仍有一定個性，它不是一般形式美，而正是「有意味的形式」。儘管進入上層和宮廷之後，趣味日見纖細，但它的基礎仍是廣泛的「市井小民」，它仍屬於市民文藝的一部分。

　　把這種市民文藝展現為單純視覺藝術的，是明中葉以來沛然興起的木刻版畫。它們正是作為上述戲曲、小說的插圖而成商品廣泛流傳，市場銷路極好。它也是到明末達到頂峰。像著名的畫家陳洪綬和徽刻便是重要代表。中國木刻有如中國戲曲一樣，重視選擇具有戲劇性的情節，不受時空限制，在一幅不大的圖版上，表現不同空間和不同時間的整個過程，但交代清楚，並不使觀者糊塗，仍然顯示了中國藝術的理性精神。它與小說戲曲一樣，並不去逼真地創造感覺的真實，而更多訴之於理解、想像的真實。它從不拘束於「三一律」之類的時空框套，而直接服從於整體生活和理性的邏輯。

　　「版畫構圖特點之一，即在於畫面不受任何視點所束縛，也不受時間在畫面上的限制。……『火燒翠雲樓』描寫了大名府從東門到西門，以及西門到南門；畫出了時遷在翠雲樓英勇的放火，也畫出了留守司前，以及大街小巷，執戈動刀，滿布梁山好漢的奮勇戰鬥。王太守被劉唐、揚雄兩條水火棍打得腦漿迸流，敵將李成又如何擁著梁中書，在走投無路，等等情節，有條不紊地處

處交代明白，使人一目了然。在刻畫上，既不是千軍萬馬，也不是密屋填巷，就由於在構圖上能創造性地組織了不受空間局限的畫面，才能收到既簡潔而又豐富的表現效果。

......

明代版畫的輝煌，戲曲小說的插畫所放射出來的光彩是史無前例的。內容豐富，形式多樣，版畫家們那種大膽想像力，那種大膽揭露社會的矛盾以及對人世悲苦的關懷，都是極其有意義的。」[1]

足見，木刻從題材、內容、表現形式到審美意識，與戲曲小說完全一脈相聯，具有相同或相通的藝術特徵和審美趣味。

這樣，小說、戲曲、版畫，相當全面地構成了明代中葉以來的文藝的真正基礎。以此為基礎，與思想解放相一致，在上層士大夫文藝裡，則出現與正統古典主義（「文必秦漢，詩必盛唐」的前後七子）相對抗的浪漫主義文藝洪流，這股時代之流也遍及了各個方面。

---

1 王伯敏：《中國版畫史》，上海人民美術出版社，1961 年，第 77～78、83 頁。

（二） 浪漫洪流

　　明代中葉以來，社會醞釀著的重大變化，反射在傳統文藝領域內，表現為一種合規律性的反抗思潮。如果說，前述小說、木刻等市民文藝表現的是日常世俗的現實主義；那麼，在傳統文藝這裡，則主要表現為反抗偽古典主義的浪漫主義。下層的現實主義與上層的浪漫主義彼此滲透，相輔相成。

　　李贄是這一浪漫思潮的中心人物。作為王陽明哲學的傑出繼承人，他自覺地、創造性地發展了王學。他不服孔孟，宣講童心，大倡異端，揭發道學。由於符合了時代要求，故而轟動一時，「士翕然爭拜門牆」，「南都士靡然向之」，「由之大江南北及燕薊人士無不傾動」。（《乾隆泉州府志・明文苑李贄傳》）儘管他的著作被一焚再毀，懸為禁書，但他的聲名和影響在當時仍極為巨大。

　　李贄提倡講真心話，反對一切虛偽、矯飾，主張言私言利。「夫私者，人之心也」（《藏書・德業儒臣後論》），「雖聖人不能無勢利之心」。（《道古錄》卷上）他高度讚揚《西廂記》、《水滸傳》，把這些作品與正統文學經典相提並論，認為文學隨時勢而世化，「詩何必古選，文何必先秦，降而為六朝，變而為近體，又變而為傳奇，變而為院本，為雜劇，為《西廂》曲，為《水滸》傳，為今之舉子業，皆古今至文，不可得而時勢先後論也。故吾因是

而有感於童心者之自文也，更說什麼六經，更說什麼《語》《孟》乎」。(《焚書‧童心說》) 他以此為準則，撇開當時盛行的偽古典摹習之風，評點、讚揚了流傳在市井之間的各種小說、戲曲。李贄評點的劇本，據統計約有十五種之多，著名的小說評點也有數種。所有這一切都恰恰是針對正統思想的虛偽而言，他說：「種種日用，皆為自己身家計慮，無一釐為人謀者，及乎開口談學，便說爾為自己，我為他人，爾為自私，我欲利他，……翻思此時，反不如市井小夫，身履是事，口便說是事，作生意者但說生意，力田作者但說力田，鑿鑿有味，真有德之言，令人聽之忘厭倦矣。」(《焚書‧答耿司寇》) 正是這種反道學反虛偽的思想基礎，使他重視民間文藝，重視這種有真實性的人情世俗的現實文學，並把這種文學提到理論的高度予以肯定。這個高度也就是「童心」。「夫童心者，真心也。……夫童心者，絕假純真，最初一念之本心也。」(〈童心說〉) 這樣，以「童心」—「真心」作為創作基礎和方法，也就為本來建築在現實世俗生活寫實基礎上的市民文藝，轉化為建築在個性心靈解放基礎上的浪漫文藝鋪平了道路。「童心說」和李贄本人正是由下層市民文藝到上層浪漫文藝的重要的中介。李贄以「童心」為標準，反對一切傳統的觀念束縛，甚至包括無上權威的孔子在內。「夫天生一人，自有一人之用，不待給於孔子而後足也。若必待取足於孔子而後足，則千古之前無孔子，終不得為人乎？」(〈答耿中丞〉) 每人均自有其價值，自有其可貴的真實，不必依據聖人，更不應裝模作樣假道學，文藝之可貴就在於各人表達這種自己的真實，而不在其他。不在「代聖

人立言」，不在摹擬前人，等等。這種以心靈覺醒為基礎，真實的提倡以自己的「本心」為主，摒斥一切外在教條、道德做作，應該說是相當標準的個性解放思想。這對當時文藝無疑有發聵振聾的啟蒙作用，李贄是這個領域解放之風的吹起者。並非偶然，當時文藝各領域中的主要的革新家和先進者，如袁中郎（文學）、湯顯祖（戲曲）、馮夢龍（小說）……等等，都恰好是李贄的朋友、學生或傾慕者，都直接或間接與他有關。

先生（袁中郎）既見龍湖，始知一切掇拾陳言，株守俗見，死於古人語下，一段精光不得披露，至是浩浩焉如鴻毛之遇順風，巨魚之縱大壑。……能轉古人，不為古轉，發為語言，一一從胸襟流出……（《珂雪齋集‧吏部驗封司郎中中郎先生行狀》）

有李百泉先生者，見其《焚書》，畸人也。肯為求其書，寄我駘蕩否？（湯顯祖：《玉茗堂集‧尺牘》）

（馮猶龍）酷嗜李氏之學，奉為蓍蔡。（許自昌：《樗齋漫錄》）

如此等等。

並且這些人物之間，相互傾倒、讚賞、推引、交往，如袁中郎之於徐渭，湯顯祖之於三袁，徐渭之於湯顯祖，……都有意識地推動了這股浪漫思潮。可以先從公安派說起。

「公安派」的三袁兄弟的思想理論和文學實踐直接受李贄影響，他們的作品描述日常，直抒胸臆，反對做作，平易近人，對

抗前後七子，而開一代新風。如他們自己所說：「獨抒性靈，不拘格套，非從自己胸臆流出，不肯下筆。……真人所作，故多真聲，不效顰於漢魏，不學步於盛唐；任性而發，尚能通於人之喜怒哀樂嗜好情欲，是可喜也。」（《袁中郎全集‧序小修詩》）他們的創作，如傳誦頗廣的〈滿井游記〉：

　　燕地寒，花朝節後，餘寒猶厲。凍風時作，作則飛沙走礫。局促一室之內，欲出不得。每冒風馳行，未百步輒返。廿二日，天稍和，偕數友出東直，至滿井，高柳夾堤，土膏微潤，一望空闊，若脫籠之鵠。於是冰波始解，波色乍明，鱗浪層層，清澈見底，晶晶然如鏡之初開而冷光之乍出於匣也。山巒為晴雲所洗，娟然如拭，鮮妍明媚，如倩女靧面而髻鬟之始掠也。柳條將舒未舒，柔梢披風，麥田淺鬣寸許。……

　　這是一幅清新白描的北京早春天氣。沒有故作鏗鏘音調，沒有什麼深厚象徵，也沒有壯闊場景、雄偉氣勢，然而，娓娓道來卻動人意興。它們之所以直到五四新文學運動中仍有影響，原因就在它們畢竟開始有了近代人文氣息。從題材到表現，都是平平常常、普普通通的日常生活、自然風景。如果用它來比較一下也寫得很好的柳宗元的山水小品（參看本書〈韻外之致〉），這種近代的清新樸素、平易近人的特點便更清楚。

　　不僅三袁，應該說，這在當時是一股強大思潮和共同的時代傾向，它甚至可以或追溯或波及到先後數十年或百年左右。例如，

比三袁早數十年的唐寅、茅坤、唐順之、歸有光這樣一大批完全不同的著名作家，卻同樣體現了這種時代動向。像唐順之提出，「但信手寫出，便是宇宙間第一等好詩……，唐宋而下，文人莫不語性命，談治道，滿紙炫然，一切自托於儒家……。極力裝作，醜態盡露。」這與「公安派」顯然合拍。像歸有光的抒情散文，雖然內容和形式都是標準的正統派，然而，它們以對家庭日常細節的樸實無華描寫而打動人們，在某種意義上，甚至也可以說是開「公安派」主張的先聲。例如著名的〈項脊軒記〉：

項脊軒，舊南閣子也，室僅方丈，可容一人居。百年老屋，塵泥滲漉，雨澤下注，每移案，顧視無可置者。又北向，不能得日，日過午已昏。余稍為修葺，使不上漏。前闢四窗，垣牆周庭以當南日，日影反照，室始洞然。又雜植蘭桂竹木於庭，舊時欄楯，亦遂增勝。借書滿架，偃仰嘯歌，冥然兀坐，萬籟有聲。而庭階寂寂，小鳥時來啄食，人至不去。三五之夜，明月半牆，桂影斑駁，風移影動，姍姍可愛。

……後五年，余妻來歸。時至軒中，從余問古事，或憑几學書。吾妻歸寧，述諸小妹語曰，聞姊家有閣子，且何謂閣子也？其後六年，吾妻死，室壞不修。其後二年，余久臥病無聊，乃使人修葺南閣子，其制稍異於前。然自後余多在外，不常居。庭有枇杷樹，吾妻死之年所手植也，今已亭亭如蓋矣。

透過這種細微而有選擇的客觀描景述事，抒情性卻極為濃厚。

它實際標誌著正統古文也已走近末梢，一個要求在內容上、形式上和語言上更接近日常生活的散文文學在出現，這與上述市民文學、小說戲曲和「公安派」的時代傾向是相一致的。這種散文，無論是描寫自然（如袁）或抒情記事（如歸），確已不同於唐宋八大家，不同於〈永州八記〉或前後〈赤壁賦〉，它的感慨、抒寫和景物明顯帶有更為近代的日常氣息，它們與世俗生活、與日常情感是更為接近了。正統文學在這時本已不能代表文藝新聲，之所以舉出這兩段正統散文，是為了證明整個時代心意的變異，這種變異也表現在傳統文學中了。它當然也以種種不同方式呈現在各個方面。例如比李贄約早五十年的唐伯虎便也是這種變異的典型人物。他與歸有光各方面都極不相同。一個是窮酸儒生，一個是風流才子；一個正經八板作正統古文，一個浪蕩江湖吟花詠月。王世貞對歸有光的文章相當折服，對唐伯虎的詩文卻譏之為「如乞兒唱蓮花落」。然而，唐寅以其風流解元的文藝全才，更明顯地體現那個浪漫時代的心意，那種要求自由地表達願望、抒發情感、描寫和肯定日常世俗生活的近代呼聲。其中也包括文體的革新、題材的解放。甚至使後世編造出三笑姻緣之類的唐伯虎的故事和形象。並且，這不是一兩個人，而是一批人，不是一個短時期，而是遷延百餘年的一種潮流和傾向。如果要講中國文藝思潮，這些就確乎夠得上是一種具有近代解放氣息的浪漫主義的時代思潮。

這個思潮還應該包括像吳承恩的《西遊記》、湯顯祖的《牡丹亭》這樣一些經典名作。《西遊記》的基礎也是長久流傳的民間故

事,在吳承恩筆下加工後,成了不朽的浪漫作品。七十二變的神通,永遠戰鬥的勇敢,機智靈活,翻江攪海,踢天打仙,幽默開朗的孫猴子已經成為充滿民族特性的獨創形象,它是中國兒童文學的永恆典範,將來很可能要在世界兒童文學裡散發出重要影響。此外如愚笨而善良、自私而可愛的豬八戒,也始終是人們所嘲笑而又喜歡的浪漫主義的藝術形象。《西遊記》的幽默滑稽中仍然充滿了智慧的美。正如今天中國人民喜愛的相聲藝術,是以智慧(理解)而不是單純以動作形體的誇張(如外國丑角)來取悅一樣,中國的浪漫主義仍然不脫古典的理性色彩和傳統。

《牡丹亭》與《西遊記》截然不同,但精神相當一致。其作者湯顯祖是李贄的敬佩者、徐渭的交往者、三袁的同路人。其作品與《西遊記》共同構成明代浪漫文學的典範代表。

《牡丹亭》直接提出「情」作為創作的根本,並有意地把「情」與「理」對立了起來,他說:「第云理之所必無,安知非情之所必有邪。」(〈牡丹亭記題詞〉)這個「情」沒有局限於男女愛情,《牡丹亭》所以比《西廂記》進了一步,就在於它雖以還魂的愛情故事為內容,卻深刻地折射出當時整個社會在要求變易的時代心聲。《牡丹亭》主題並不單純是愛情,杜麗娘不只是為柳生而還魂再世的,它所不自覺地呈現出來的,是當時整個社會對一個春天新時代到來的自由期望和憧憬。

良辰美景奈何天,賞心樂事誰家院,朝飛暮卷,雲霞翠軒,雨絲風片,煙波畫船。錦屏人忒看的這韶光賤。遍青山啼紅了杜

鵑，荼蘼外煙絲醉軟，牡丹雖好，春歸怎占先。……

　　這是多麼美好的充滿希望的時節！整個劇本文詞華麗，充滿喜劇氛圍。這個愛情故事之所以成為當時浪漫思潮的最強音，正在於它呼喚一個個性解放的近代世界的到來。並且呼喊得那麼高昂，甚至逸出中國傳統理性主義傳統，真人荒唐地死而復活（其他情節都又合常情）竟成了劇本主線。本章第一節中講的世態人情、市民文藝的粗俗根苗，在這裡最終上升為典雅駘蕩的浪漫之花。它們以不同形式反映了明中葉以來巨大變動著的社會動向、氛圍和意緒。

（三）　從感傷文學到《紅樓夢》

　　作為近代社會新因素的下層市民文藝和上層浪漫思潮，在明末發展到極致後，遭受了本不應有的挫折。歷史的行程遠非直線，而略一彎曲卻可以是百十年。李自成的失敗帶來了滿清帝國的建立，落後的少數民族總是更易接受和強制推行保守、反動的經濟、政治、文化政策。資本主義因素在清初被全面打了下去，在那幾位所謂「雄才大略」的君主的漫長統治時期，鞏固傳統小農經濟、壓抑商品生產、全面閉關自守的儒家正統理論，成了明確的國家

指導思想。從社會氛圍、思想狀貌、觀念心理到文藝各個領域，都相當清楚地反射出這種倒退性的嚴重變易。與明代那種突破傳統的解放潮流相反，清代盛極一時的是全面的復古主義、禁欲主義、偽古典主義。從文體到內容，從題材到主題，都如此。作為明代新文藝思潮基礎的市民文藝不但再沒發展，而且還突然萎縮，上層浪漫主義則一變而為感傷文學。《桃花扇》、《長生殿》和《聊齋誌異》則是這一變易的重要傑作。

從文學角度看，《桃花扇》在構造劇情、安排場景、塑造人物、反映生活的深廣度方面，以及在文學語言上，都達到極高水平。雖以男女主人翁的愛情故事為線索，它的主要內容和意義明顯並不在此。沉浸在整個劇本中的，是一種極為濃厚的家國興亡的悲痛感傷。所以在當時演出時，就有「笙歌靡麗之中，或有掩袂獨坐者，則故臣遺老也；燈炧酒闌，唏噓而散」（〈桃花扇本末〉）的記述。但它又並不停留在家國悲痛中，而是通過一姓的興衰、朝代的改易，透露出對整個人生的空幻之感。這種人生空幻感，我們並不陌生，在第八章講蘇軾時便已強調說明過。但後來或由於抵抗少數民族的入侵（如南宋的陸游、辛棄疾），或由於處於展望春天到來的憧憬時代（如上述的明代浪漫思潮），它們沒有得到充分發展。只有當歷史發展受到嚴重挫折，或處於本已看到的希望頃刻破滅的時期，例如在元代和清初，這種人生空幻感由於有了巨大而實在的社會內容（民族的失敗、家國的毀滅），而獲得真正深刻的價值和沉重的意義。《桃花扇》便是這種文藝的標本。作為全劇結尾的一套哀江南是它的主題所在：

〔哀江南〕〔北新水令〕山松野草帶花桃，猛抬頭，秣陵重到。殘軍留廢壘，瘦馬臥空壕；村郭蕭條，城對著夕陽道。

〔駐馬聽〕野火頻燒，護墓長楸多半焦；山羊群飽，守陵阿監幾時逃？鴿翎蝠糞滿堂拋，枯枝敗葉當階罩；誰祭掃？牧兒打碎龍碑帽。

……

〔沽美酒〕你記得跨青溪半里橋，舊紅板沒一條。秋水長天人過少，冷清清的落照。剩一樹柳彎腰。

〔太平令〕行到那舊院門，何用輕敲，也不怕小犬哞哞。無非是枯井頹巢，不過些磚苔砌草。手種的花條柳梢，盡意兒采樵。這黑灰，是誰家廚灶？

〔離亭宴帶歇指煞〕俺曾見金陵玉殿鶯啼曉，秦淮水榭花開早，誰知道容易冰消。眼看他起朱樓，眼看他宴賓客，眼看他樓塌了。這青苔碧瓦堆，俺曾睡風流覺，將五十年興亡看飽。那烏衣巷不姓王，莫愁湖鬼夜哭，鳳凰臺棲梟鳥。殘山夢最真，舊境丟難掉，不信這輿圖換稿。謅一套哀江南，放悲聲，唱到老。

　　這固然是家國大恨，也正是人生悲傷。滄海桑田，如同幻夢；朱樓玉宇，瓦礫頹場。前景何在？人生的意義和目標是什麼？一切都是沒有答案的渺茫，也不可能找到答案。於是最後歸結於隱逸漁樵，寄托於山水花鳥……。

　　與《桃花扇》基本同時的《長生殿》的祕密，也在這裡。關於《長生殿》的主題，一直有分歧和爭議。例如楊、李愛情說，

家國興亡說，反清意識說等等。其實，這些都不是《長》劇客觀主題所在。《長生殿》的基本情調，它給予人們的審美效果，仍然是上述那種人生空幻感。儘管外表不一定有意識地要把它凸現出來，但它作為一種客觀思潮和時代情感，相當濃厚地滲透在劇本之中，成為它的基本音調。

很有意思的是，這種人生空幻的時代感傷，甚至也可以出現在納蘭詞裡。就納蘭詞的作者本人說，皇室近親，貴冑公子，少年得志，世代榮華，身為滿人，不應有什麼家國哀、人生恨，然而其作品卻是極其哀怨沉痛的：

……風一更，雪一更，聒碎鄉心夢不成，故園無此聲。

……歸夢隔狼河，又被河聲攪碎；還睡還睡，解道醒來無味。

誰翻樂府淒涼曲，風也蕭蕭，雨也蕭蕭，瘦盡燈花又一宵；不知何事縈懷抱，睡也無聊，醉也無聊，夢也何曾到謝橋。

將愁不去，秋色行難住，六曲屏山深院宇，日日風風雨雨；雨餘籬菊初香，人言此日重陽，回首涼雲暮葉，黃昏無限思量。

北宋而後，大概還沒有詞家達到過這種藝術境界。這種對人生、對生活的厭倦和感傷，這種百無聊賴、一切乏味的心情意緒，雖淡猶濃，似輕還重。「不知何事縈懷抱」，應該說，本沒有也不

會有什麼痛苦憂愁，然而卻總感風雨淒涼，不如還睡，是那樣的抑鬱、煩悶和無聊。儘管富貴榮華，也難逃沉重的厭倦和空幻。這反映的不正是由於處在一個沒有鬥爭、沒有激情、沒有前景的時代和社會裡，處在一個表面繁榮平靜、實際開始頹唐沒落的命運哀傷麼？「一葉落而知秋」，在得風氣之先的文藝領域，敏感的先驅者們在即使繁華富足、醉生夢死的環境裡，也仍然發出了無可奈何的人生空幻的悲嘆。這其實也正是一種雖看不見具體內容卻仍有深廣涵義的「有意味的形式」，內容已積澱、溶化在情感形式中了。在美學理論上，王漁洋的神韻說風靡一時，在某種意義上，也是這個時代這種潮流的曲折反映[2]。

　　因此，更不說歸莊〈萬古愁〉等抒情散曲了。包括蒲松齡短篇小說《聊齋誌異》的美學風格，也可以放在這個感傷文學的總思潮中去考察和研究。《聊齋》是用明代市民文藝截然相反的古雅文體寫成，它的特徵也是與上述市民文藝的現實世俗生活相對立的幻想狐鬼故事。但值得注意的是，在曲折離奇的浪漫中卻具有某種感傷意緒。有人說，《聊齋》一書，「觀其寓意之言，十固八九，何其悲以深也」。(《聊齋誌異》跋二) 也如作者所自云：「浮白載筆，僅成孤憤之書，寄托如此，亦足悲矣。」(〈聊齋自志〉) 所悲的，主觀上也許只是科場失意，功名未就，老死牖下，客觀上其作品中的感傷卻仍然充滿了那個時代的回音。正因為人世空

---

2 劉永濟指出，王標神韻，脫離現實，有避禍意 (見《唐人絕句精華・凡例》)，頗為有見。

幻,於是寄情於狐鬼;現實只堪厭倦,遐想便多奇葩。《聊齋》中荒唐的生死狐鬼故事,已不復是《牡丹亭》的喜劇氛圍,毋寧帶著更多悲劇氣氛。這種深刻的非自覺性的「悲以深」的感傷意識,構成了聊齋浪漫故事的美麗。這不是用「憤世嫉俗」之類所能簡單解釋的。

此外,不同於《牡丹亭》、《西遊記》那麼快樂和單純,《桃花扇》、《長生殿》和《聊齋誌異》這批作為戲曲、小說的感傷文學的另一特徵,是由於它們或痛定思痛或不滿現實,對社會生活面作了較廣泛的接觸、揭露和諷刺,從而具有遠為苦痛的現實歷史的批判因素。這正是它們走向下一階段批判現實主義的內在傾向。

浪漫主義、感傷主義和批判現實主義,這就是明清文藝思潮三個不同階段,這是一條合規律性通道的全程。在第三階段(乾隆),時代離開解放浪潮相去已遠,眼前是鬧哄哄而又死沉沉的封建統治的迴光返照。復古主義已把一切弄得烏煙瘴氣麻木不仁,明末清初的民主民族的偉大思想早成陳跡,失去理論頭腦的考據成了支配人間的學問。「避席畏聞文字獄,著書都為稻粱謀」,那是多麼黑暗的世界啊。像戴震這樣先進的思想家也只能以考據名世,得不到人們的任何了解,他自己視為最重要的哲學著作——痛斥宋儒「以理殺人」的《孟子字義疏證》,連他兒子在編集子時也被排斥在外,視為無足輕重。那是沒有曙光、長夜漫漫、終於使中國落在歐洲後面的十八世紀的封建末世。在文藝領域,真正作為這個封建末世的總結的,要算中國文學的無上珍寶《紅樓夢》了。

　　關於《紅樓夢》，人們已經說過了千言萬語，大概也還有萬語千言要說，因此，本書倒不必給這個說不完道不盡的奇瑰留更多篇幅。總之，無論是愛情主題說、政治小說說、色空觀念說，都似乎沒有很好地把握住上述具有深刻根基的感傷主義思潮在《紅樓夢》裡的昇華。其實，正是這種思潮使《紅樓夢》帶有異彩。籠罩在寶黛愛情的歡樂、元妃省親的豪華、暗示政治變故帶來巨大慘痛之上的，不正是那如輕煙如夢幻、時而又如急管繁弦似的沉重哀傷和喟嘆麼？因之，千言萬語，卻仍然是魯迅幾句話比較精粹：

　　……頹運方至，變故漸多；寶玉在繁華豐厚中，且亦屢與「無常」覿面，……悲涼之霧，遍被華林；然呼吸而領會之者，獨寶玉而已。[3]

　　這不正是上述人生空幻麼？儘管號稱「康乾盛世」，這個社會行程的迴光返照畢竟經不住「內囊卻也盡上來了」的內在腐朽，一切在富麗堂皇中，在笑語歌聲中，在鐘鳴鼎食、金玉裝潢中，無聲無息而不可救藥地垮下來、爛下去，所能看到的正是這種種金玉其外敗絮其中的糜爛、卑劣和腐朽，它的不可避免的沒落敗亡。嚴峻的批判現實主義於是成熟了。「與前一階段市民文藝的現實主義對富貴榮華、功名利祿的渴望欽羨恰好對照，這裡充滿著

3　《中國小說史略》。

的是對這一切來自本階級的飽經滄桑、洞悉幽隱的強有力的否定和判決。這樣，創作方法在這裡達到了與外國十九世紀資產階級批判現實主義相比美的輝煌高度，然而也同樣帶著沒有出路、沒有革命理想、帶著濃厚的輓歌色調。」[4] 《儒林外史》也是這種批判現實主義的代表作。它把理想寄託在那幾個儒生、隱士的蒼白形象上，如同《紅樓夢》只能讓賈寶玉去做和尚解脫在所謂色空議論中一樣，這些都正是《桃花扇》歸結為漁樵的人生空幻感的延續和發展。它們充滿了「夢醒了無路可走」的苦痛、悲傷和求索。但是，它們的美學價值卻已不在感傷，而在對社會生活具體地描述、揭發和批判。《紅樓夢》終於成了百讀不厭的封建末世的百科全書。「極摹人情世態之歧，備寫悲歡離合之致」，到這裡達到了一個經歷了正反合總體全程的最高度。與明代描寫現實世俗的市民文藝截然不同，它是上層士大夫的文學，然而它所描寫的世態人情、悲歡離合，卻又是前者的無上昇華。

 **（四）繪畫與工藝**

　　上面只談了文學、戲曲。在基本為文人士大夫所壟斷的繪畫

---

4 拙著《美學論集》，上海文藝出版社，1980 年，第 388 頁。

藝術中，也經歷了這種接近平行的思潮演變，只是其具體表現形式有所不同。

　　與明中葉的時代潮流相吻合，以仇英為顯赫代表的院體青綠山水，以及著名的吳派首領沈周和文徵明、唐寅等人，共同體現了一種傾向，這就是接近世俗生活，採用日常題材，筆法風流瀟灑，秀潤纖細，可說相當於上述文學中的市民文藝和浪漫主義階段。出身不高的仇英「獨步江南者二十年」（《清河書畫舫·亥集》），人物、山水都很出色，而以描寫具有故事情節內容的歷史題材為特點，如「春夜宴桃李園圖」、「漢高祖入關圖」等等，工整清秀，不避彩色，於富麗中顯高雅，令人起開朗愉快之感。連詆毀所謂院體、青綠的董其昌，對仇英也低首下心。仇實際也可代表相當於市民文藝的繪畫。沈周、文徵明、唐寅三人，活躍在以蘇州為中心的江南地區，他們以在野士大夫、文人學士的角色，「賦性疏朗，狂逸不羈」，有著不大受約束的生活、觀念和情感。他們一方面與較多的社會階層相聯繫，一方面能更自由地抒寫自己的主觀世界，追求氣韻神采的筆墨效果，成了他們的藝術理想。儘管題材可能狹小單調（例如比仇英），但他們卻以一種浪漫方式，與仇英同樣反映社會時代新因素帶來的重要變化。像文徵明的「雨景山水」，秀麗溫潤，給人以某種特殊親切之感和春天似的愉快，是頗異於前人的。仇、沈、文、唐被並稱四大家。比他們晚數十年的徐渭，則以一種更突出的方式表現了這種浪漫特色。徐渭可說是明中葉以來的浪漫思潮在繪畫領域的集中代表。正如哲學上的李贄、戲曲中的湯顯祖、小說中的吳承恩、詩文中的袁

中郎一樣。他們基本同時而連成一氣。

到明末清初,遭受國破家亡和社會苦難之後,以朱耷、石濤等為代表的繪畫則轉入了另一個階段。與前一階段吳派的工整細麗剛好相反,他們在風格上繼承發展著徐渭,簡練的構圖,突兀的造形,奇特的畫面,剛健的筆法⋯⋯,構成了他們作品的獨特風貌,強烈感染著人們。這是直接抒寫著強烈悲痛憤恨的繪畫,正好相當於感傷文學階段。像著名的以亦哭亦笑的「八大山人」署名所代表的那種種傲岸不馴、極度誇張的形象,那睜著大眼睛的翠鳥、孔雀,那活躍奇特的芭蕉、怪石、蘆雁、汀鳧,那突破常格的書法趣味,儘管以狂放怪誕的外在形象吸引著人們,儘管表現了一種強烈的內在激情和激動,也仍然掩蓋不住其中所深藏著的孤獨、寂寞、傷感與悲哀。花木鳥獸完全成了藝術家主觀情感的幻化和象徵,在總體上表現出一種不屈不撓而深深感傷的人格價值。與「八大」同樣體現這一精神的是石濤。石濤《畫語錄》是這一時期的標準美學著作,它強調的也正是:「夫畫者,從於心者也。」「山川使予代山川而言也,⋯⋯山川與予神遇而跡化也。」要求客觀服從於主觀,物我同一於情感。他的作品和朱耷同樣以簡練深厚的筆墨,表現了那寂寞、憤慨與哀傷。

與上述文學思潮第三階段大體相當的,在繪畫領域卻並非批判現實主義,而仍然是上述感傷主義的進一步發展,這就是以揚州八怪為代表的花鳥繪畫。出現在「乾嘉盛世」的這個江南畫派,上承朱耷、石濤(以及可追溯到明代的徐渭)的傳統。時代的感傷、憤慨是逐漸沒有或褪色了,但更突出了個性。他們各以其獨

特的筆墨、構圖、色彩、形象，或粗豪放浪；或精工柔美，把中
國畫推到了一個走向近代的新階段。與當時棄帖學、崇北碑的書
法風氣有關，講求鋒芒、遒勁、古拙，通過異常簡略的形象表達
出異常強烈的個性感受，筆情墨趣成了繪畫的核心，它不完全脫
離現實形象，卻又大大超越於它，而使筆墨本身及其配列組合具
有獨立的審美意義。它們成為喚起審美感情的「有意味的形式」，
而根本不在描繪的對象。所以這些花鳥作品在具象再現中卻充滿
抽象意味，在現代中外都被喜愛，並一直有著發展。鄭板橋、黃
癭瓢、金冬心、李復堂、羅兩峰……等人直接為晚清和現代畫家
從任伯年、吳昌碩到齊白石、潘天壽……開闢了道路，這正如《儒
林外史》、《紅樓夢》等為晚清小說作先導一樣。這種將題材、對
象、筆墨統統作為表現主觀心情意緒的工具，卻又正與文學中的
批判現實主義一樣，是對那個黑暗社會的一種自覺或不自覺的對
抗和揭露，是那同一個時代的進步心音。像黃慎、鄭板橋便是相
當典型的代表。他們既可說是上述明代浪漫主義、明清之際感傷
主義的在清代的餘波，也可說是相當於文學思潮的第三階段批判
現實主義的個性反抗即與黑暗現實社會的不協調。這是一種合規
律性的文藝潮流的發展，不是一兩個人或偶然現象，而有其深刻
的社會的和思想的內在邏輯。包括像當時正統文學中的袁枚倡性
靈，重情欲，斥宋儒，嘲道學，反束縛，背傳統，時時閃爍出某
種思想解放的光彩，也是這同一歷史邏輯的表現一樣。它們共同
地體現出、反射出封建末世的聲響，映出了傳統社會已經外強中
乾，對自由、個性、解放的近代憧憬必將出現在地平線上。這種

憧憬到鴉片戰爭前後，從龔自珍到蘇曼殊，果然就逐漸明確出現了。把握和探求這些文學藝術中的深層邏輯，對欣賞理解它們，具有重要的意義。

除上述文學、戲曲、繪畫外，建築在明清除園林、內景外發展不大。雕塑則高潮早過，已走下坡（如果把同樣題材例如石獅相比，便很顯然：漢之拙重，六朝之飄揚，唐之圓深，明清則如貓狗似的馴媚）。音樂、舞蹈則已溶化在戲曲中。於是只有工藝可言了。明清工藝由於與較大規模的商品生產（如出口外洋）和手工技藝直接相聯，隨著社會中市場商品經濟的不斷發展，它們有所發展。審美趣味受商品生產、市場價值的制約，供宮廷、貴族、官僚、地主、商人、市民享用的工藝產品，其趣味傾向與上述繪畫和文學是並不相侔的。由於技術的革新，技巧的進步，五光十色的明清彩瓷、銅質琺瑯、明代家具、刺繡紡織……等等，呈現出可類比於歐洲洛可可式的纖細、繁縟、富麗、俗豔、矯揉做作等等風格。其中，瓷器歷來是中國工藝的代表，它在明清也確乎發展到了頂點。明中葉的「青花」到「鬥彩」、「五彩」和清代的「琺瑯彩」、「粉彩」等等，新瓷日益精細俗豔，它與唐瓷的華貴的異國風，宋瓷的一色純淨，迥然不同。也可以說，它們是以另一種方式同樣指向了近代資本主義，它們在風格上與明代市民文藝非常接近。所以，從工藝說，也就不存在上述三階段思潮的區劃了。

結　語

　　對中國古典文藝的匆匆巡禮，到這裡就告一段落。跑得如此之快速，也就很難欣賞任何細部的豐富價值。但不知鳥瞰式的觀花，能夠獲得一個雖籠統卻並不模糊的印象否？

　　藝術的各種突出的不平衡性，經常使人懷疑究竟能否或應否作這種美的巡禮。藝術與經濟、政治發展的不平衡，藝術各部類之間的不平衡，使人猜疑藝術與社會條件究竟有無聯繫？能否或應否去尋找一種共同性或普遍性的文藝發展的總體描述？民生凋敝、社會苦難之際，可以出現文藝高峰；政治強盛、經濟繁榮之日，文藝卻反而萎縮。……這都是常見的現象。客觀規律在哪裡呢？維列克 (Renè Wellek) 就反對作這種探究（見其與沃倫合著《文學概論》）。但我不能同意這種看法，因為所有這些，提示人們的只是不應作任何簡單化的處理，需要的是歷史具體的細緻研究；然而，只要相信人類是發展的，物質文明是發展的，意識形態和精神文化最終（而不是直接）決定於經濟生活的前進，那麼這其中總有一種不以人們主觀意志為轉移的規律，在通過層層曲折渠道起作用，就應可肯定。例如，由於與物質生產直接相連，在政治穩定經濟繁榮的年代，某些藝術部類如建築、工藝……

等等，就要昌盛發達一些，正如科學在這種時候一般也更有發展一樣。相反，當社會動亂生活艱難的時期，某些藝術部類如文學、繪畫（中國畫）卻可以相對繁榮發展，因為它們較少依賴於物質條件，而正好作為黑暗現實的對抗心意而出現。正如這個時候，哲學思辨也可以更發達一些，因為時代賦予它以前景探索的巨大課題，而不同於在太平盛世沉浸在物質歲月中而毋須去追求精神的思辨、解脫和慰安一樣……。總之，只要相信事情是有因果的，歷史地具體地去研究探索便可以發現，文藝的存在及發展仍有其內在邏輯。從而，作為美的歷程的概括巡禮，也就是可以嘗試的工作了。

一個更大的問題是，如此久遠、早成陳跡的古典文藝，為什麼仍能感染著、激動著今天和後世呢？即將進入新世紀的人們為什麼要一再去回顧和欣賞這些古跡斑斑的印痕呢？如果說，前面是一個困難的藝術社會學的問題，那麼這裡就是一個有待於解決的、更為困難的審美心理學問題。馬克思曾經尖銳地提過這個問題。解決藝術的永恆性祕密的鑰匙究竟在哪裡呢？一方面，每個時代都應該有自己時代的新作，誠如車爾尼雪夫斯基所說，儘管是莎士比亞，也不能代替今天的作品；藝術只有這樣才流成變異而多彩的巨川；而從另一方面，這裡反而產生繼承性、統一性的問題。譬如說，凝凍在上述種種古典作品中的中國民族的審美趣味、藝術風格，為什麼仍然與今天人們的感受愛好相吻合呢？為什麼會使我們有那麼多的親切感呢？是不是積澱在體現在這些作品中的情理結構，與今天中國人的心理結構有相呼應的同構關係和影響？人類的心理結構是否正是一種歷史積澱的產物呢？也許

正是它蘊藏了藝術作品的永恆性的祕密？也許，應該倒過來，藝術作品的永恆性蘊藏了也提供著人類心理共同結構的祕密？生產創造消費，消費也創造生產。心理結構創造藝術的永恆，永恆的藝術也創造、體現人類傳流下來的社會性的共同心理結構。然而，它們既不是永恆不變，也不是倏忽即逝、不可捉摸。它不會是神祕的集體原型，也不應是「超我」(superego) 或「本我」(id)。心理結構是濃縮了的人類歷史文明，藝術作品則是打開了的時代魂靈的心理學。而這，也就是所謂「人性」吧？

重複一遍，人性不應是先驗主宰的神性，也不能是官能滿足的獸性，它是感性中有理性，個體中有社會，知覺情感中有想像和理解，也可以說，它是積澱了理性的感性，積澱了想像、理解的感情和知覺，也就是積澱了內容的形式，它在審美心理上是某種待發現的數學結構方程，它的對象化的成果是本書第一章講原始藝術時就提到的「有意味的形式」(significant form)。這也就是積澱的自由形式，美的形式。

美作為感性與理性，形式與內容，真與善、合規律性與合目的性的統一（參看拙作《批判哲學的批判──康德述評》末章），與人性一樣，是人類歷史的偉大成果，那麼儘管如此匆忙的歷史巡禮，如此粗糙的隨筆札記，對於領會和把握這個巨大而重要的成果，該不只是一件閒情逸致或毫無意義的事情吧？

俱往矣。然而，美的歷程卻是指向未來的。

中國民間美術

薄松年 著

中國是一個多民族的國家，眾多民族都創造了各具特色的民間美術；民間美術流行於人民生活的各個方面，在節日禮俗、宗教信仰及衣食住行中幾乎無所不在；但過去的歷史文獻對民間美術記載卻很少，多零散見於民俗及筆記雜著書籍之中。本書輯錄了作者近五十年來關於中國民間美術研究的文章，內容區分為「品類篇」、「地區篇」、「民俗篇」三部分，內容涵蓋的範圍相當廣泛，羅列的資料亦十分珍貴，文中並補充七百多幅圖片，適合一般美術愛好者作為研究與鑑賞民間美術的參考書籍。

亞洲藝術（二版）

高木森 著／潘耀昌、章利國、陳平 譯

藝術品是人類心靈的「腳印」，研究藝術史可以令我們重新接近古人的心跡，順著古人腳印走一遍歷史旅程，遍覽五花八門的智慧大表演。藝術史則是世界公認最佳的通識教育課程，本書從宏觀角度，以印度、中國、日本三國為研究重點，旁及東南亞、中亞、西藏、朝鮮等地藝術史。藉歷史背景之介紹、藝術品之分析比較、美學之探討、宗教之解說，以及哲學之思辨，條分縷析亞洲六千多年來錯綜複雜的藝術發展歷程。

美術鑑賞（三版）

趙惠玲 著

美術作品是歷來的藝術家們心血的結晶，可以充分反映各個時代的思想、感情及價值觀。因此，欣賞美術作品是人生中最愉悅而動人的經驗之一。本書期望能藉著深入淺出的文字說明及豐富多元的圖片介紹，從史前藝術到現代藝術、從純粹美術到應用美術、從民俗藝術到科技藝術，逐漸帶領讀者進入藝術的殿堂，暢享藝術的盛宴。

東西藝術比較　高木森 著／尹彤雲 譯／陳瑞林 審譯

人類文明要進步就得廣納不同族群的特色與成就；民族間要和諧相處就得從互相瞭解、同情開始，進而互相尊重或互相融合；個人要提升心靈的境界就得借助於異、同的激盪，而這一切都要從研究世界多元文化入手——視覺藝術無需像哲學、文學、政治等要先熟練那些複雜難學的文字，無疑是一條學習世界各地文化豐富知識的捷徑。本書主要透過「東西方藝術比較」，清晰地展現世界文化交融的藝術圖卷，引導讀者進入這個萬花筒般的藝術世界去遨遊、觀察、思考和探究。

藝術批評（二版）　　　　　　　　姚一葦 著

「藝術批評」不僅為研究藝術者必須具備之能力，亦為藝術愛好者所經常困擾的問題。本書即在針對有關藝術批評上的基本問題，提示解決的觀念與方法。全書分三部分：第一編引論界定「藝術」與「批評」的觀念。第二編探究價值之來源，找出八種不同說法，加以檢討，並作出總結，以供讀者思辨及比較。第三編自歷史上所出現的批評方法中，歸納為四大類，考其源流，證其得失，並舉例以明之。故前者為批評哲學，後者為批評技術；本書實冶批評、理論與技巧於一爐，足以訓練思考，開拓視野，且具高度實用性。

藝術概論（增訂三版）　　　　　　陳瓊花 著

藝術與人類生活密切相關——藝術由藝術家所創造而存在，使觀者得以共享，進而豐富了人生的意義與價值，這其中藝術家、觀眾與人類的生活存在著互補與互足的關係。本書的內容概括藝術的意義與創造、藝術品的特質、藝術的欣賞與批評、藝術與人生的關係等層面。作者透過理論與實例之介述，引導讀者認識並建立有關藝術的基本概念。

自說自畫(II)──彩墨詩韻之承與變　　高木森　著

本書收錄作者近年來關於藝術創作理論、詩畫創作與學術研究的成果。作者從中西方美學的宏觀角度來討論新的創作理念和表現，並運用形式的創新、題材的擴展和節奏韻律的表現，把傳統文人畫詩書畫一體的藝術理念帶入現代與後現代的藝術領域。文中提出「遊於藝」、「知古而變古」、「知今而用今」、「意在筆後」、「潛意識創作」等現代藝術理念，展現出作者鮮活的治學精神和旺盛的創作毅力。

推開書法藝術的大門　　許牧穀　著

本書內容共分為〈知識篇〉、〈入門篇〉、〈技法篇〉三部分。〈知識篇〉以簡要的文字敘述中國書法藝術發展的歷史。〈入門篇〉以實際的教學經驗與圖例，敘述學習書法的入門要領。〈技法篇〉則將中國書法中篆、隸、草、行、楷各書體的基本運筆步驟加以圖示化，並運用口語化的文字說明，輔助學習者踏出書寫的第一步。全書圖片共兩百餘幅，文字說明清晰簡要，是學習書法藝術的最佳參考書籍。

中國繪畫理論史（增訂三版）　　陳傳席　著

中國的繪畫理論，能直透藝術本質，包涵社會及其文化。如六朝人重神韻，所以產生了「傳神論」、「氣韻論」；宋人心態常呈遲暮落寞之狀，所以多「蕭條淡泊」、「平淡」、「荒寒」之論；元人多逸氣，所以「逸氣論」風行不衰；明末文人好禪悅，又多宗派，所以「南北宗論」興盛。本書論述儒道佛對中國畫論的影響，道和理、情和致、法和變、六法、四品、三遠、禪與畫……，直至近現代的畫論之爭等等，一書在手，二千年中國畫論精華俱在其中，可供書畫愛好者和研究者參考，也適合文史研究者及一般讀者閱讀。

樂於藝（二版）

劉其偉 著

作者長年浸淫於藝術創作與文化人類學的研究中，身兼工程師、畫家、人類學家、探險家、作家等多種身分，不論是對於藝術的作品分析、自身習畫的心得，抑或是文化人類學的探究，皆有真誠的人生體會。本書三十五篇散記，集結了作者早年自修知識、畫旅報導、論述評介，為青年一代而寫，希望能帶給青年朋友一些對於技藝學習的情趣──閱讀的同時，可以體會作者對藝術的熱愛、對生活的熱情與活力，這也是我們每一個人在面對生活時所需具備的態度。